Thomas Lang
Typenkompass
Audi Personenwagen
seit 1965

Typen kompass

Thomas Lang

Audi
Personenwagen seit 1965

Motorbuch Verlag

Einbandgestaltung Luis Dos Santos

Bildnachweis: Siehe Seite 127

Eine Haftung des Autors oder des Verlages und seiner Beauftragten für Personen-, Sach- und Vermögensschäden ist ausgeschlossen.

ISBN 978-3-613-03199-9

Copyright © by Motorbuch Verlag, Postfach 103743, 70032 Stuttgart
Ein Unternehmen der Paul Pietsch Verlage GmbH + Co.

1. Auflage 2010

> Sie finden uns im Internet unter
> www.motorbuch-verlag.de

Nachdruck, auch einzelner Teile, ist verboten. Das Urheberrecht und sämtliche weiteren Rechte sind dem Verlag vorbehalten. Übersetzung, Speicherung, Vervielfältigung und Verbreitung einschließlich Übernahme auf elektronische Datenträger wie CD-ROM, Bildplatte usw. sowie Einspeicherung in elektronische Medien wie Bildschirmtext, Internet usw. sind ohne vorherige schriftliche Genehmigung des Verlages unzulässig und strafbar.

Lektorat: Joachim Köster
Innengestaltung: Bernd Peter
Druck und Bindung: Kessler Druck und Medien, 86399 Bobingen
Printed in Germany

Inhalt

Die Geschichte von Audi 6

Audi Pkw – die Kleinwagen
Audi 50	(1974 – 1978)	20
Audi A2	(1999 – 2005)	22
Audi A1	(ab 2010)	24
Audi A3 I	(1996 – 2003)	26
Audi A3 II	(seit 2003)	27

Audi Pkw – die Mittelklasse
Audi 60, 72, 75, 80, Super 90
	(1965 – 1972)	30
Audi 80 B1	(1972 – 1978)	32
Audi 80 B2	(1978 – 1986)	34
Audi 80 B3	(1991 – 1991)	36
Audi 80 B4	(1991 – 1994)	38
Audi RS2	(1994 – 1996)	40
Audi RS4 B5	(1999 – 2001)	41
Audi A4 B5	(1994 – 2001)	42
Audi A4 B6	(2000 – 2004)	44
Audi A4 B7	(2004 – 2008)	46
Audi RS4 B7	(2005 – 2009)	48
Audi A4 B8	(seit 2007)	50
Audi 90 B2	(1984 – 1986)	52
Audi 90 B3	(1987 – 1991)	53
Audi 100 C1	(1968 – 1976)	54
Audi 100 C2	(1976 – 1982)	56
Audi 100 C3	(1982 – 1991)	58
Audi 100 C4	(1990 – 1994)	60
Audi A6 C4	(1994 – 1997)	61
Audi S6 C4	(1994 – 1997)	62
Audi A6 C5	(1997 – 2004)	63
Audi RS6 C5	(2002 – 2004)	66
Audi A6 C6	(seit 2005)	68
Audi RS6 C6	(seit 2008)	70
Audi 200 C2	(1979 – 1982)	72
Audi 200 C3	(1983 – 1991)	73
Audi A5 Sportback	(seit 2009)	76

Audi Pkw – die Oberklasse
Audi V8	(1988 – 1994)	78
Audi A8 D2	(1994 – 2002)	80
Audi S8 D2	(1996 – 2003)	82
Audi A8 D3	(2002 – 2010)	84
Audi S8 D3	(2006 – 2010)	86
Audi A8 D4	(seit 2010)	88

Audi Pkw – die Coupés/Sportwagen
Audi 100 Coupé	(1970 – 1976)	90
Audi Coupé B2	(1980 – 1987)	92
Audi Coupé B3	(1988 – 1996)	93
Audi S2	(1990 – 1995)	96
Audi A5	(seit 2007)	97
Audi S5	(seit 2007) 100
Audi RS5	(seit 2010) 102
Audi quattro	(1980 – 1991) 104
Audi Sport quattro	(1984 – 1985) 106
Audi R8	(seit 2006) 108
Audi TT	(1998 – 2006) 110
Audi TT 8J	(seit 2006) 112

Audi Pkw – die Geländegängigen
Audi A4 allroad quattro
    (seit 2009) 116
Audi A6 allroad quattro C5
    (1999 – 2006) 119
Audi A6 allroad quattro C6
    (seit 2006) 120
Audi Q5	(seit 2008) 122
Audi Q7	(seit 2005) 124

Bildnachweis 127

Die Geschichte von Audi

Der 25. April 2010 war der bedeutungsvollste Tag des Jahres für Audi. Der Automobilhersteller mit seinem Hauptsitz in Ingolstadt feierte an diesem Tag seinen 100. Geburtstag. Am 25. April 1910 hatte August Horch (1868 – 1951) seine »Audi Automobilwerke GmbH« in das Handelsregister von Zwickau eintragen lassen.

Der Maschinenbauingenieur aus Oberfranken hatte bereits 1899 sein erstes Unternehmen, die »Horch & Cie« im Kölner Stadtteil Ehrenfeld gegründet und 1900 das erste Automobil unter seinem Namen gebaut.

Schon der Firmengründer hätte das spätere Firmenmotto »Vorsprung durch Technik« für sich in Anspruch nehmen können. 1904 baute Horch das erste deutsche Auto mit einem Vierzylindermotor. Drei Jahre später verlegte er seine rasch expandierende Firma ins sächsische Zwickau und entwickelte dort den ersten Sechszylinder.

Wegen finanzieller Probleme und Meinungsverschiedenheiten mit dem Aufsichtsrat verließ

Portrait von August Horch (1868 – 1951).

Der erste Horch.

Audi-Werbeplakat aus den 1920ern.

Alpensieger von 1912.

Horch 1909 das Unternehmen und gründete die »Audi Automobilwerke GmbH«. Da Horch seine eigenen Namensrechte verloren hatte, übersetzte er seinen Namen ins Lateinische, wo »Horch!« oder »Höre!« im Singular der Befehlsform »Audi!« heißt (nach dem Verb »audire« – hören).

Obwohl Audi auf keine durchgehende 100-jährige Geschichte als unabhängiger Autohersteller verweisen kann, reiht sich das Unternehmen in einen kleinen, exklusiven Kreis von Autobauern, die mindestens 100 Jahre alt sind, wie Mercedes-Benz (seit 1890), Cadillac (seit 1902), Fiat (seit 1899), Alfa Romeo (seit 1910), Ford (seit 1903), Peugeot (seit 1896) oder Rolls Royce (seit 1906).

Bereits ein Jahr nach der Gründung ließ August Horch mit seiner neuen Marke die Öffentlichkeit im wahrsten Sinn des Wortes aufhorchen. Zwischen 1911 und 1914 gewann Audi die »Internationale Alpenrundfahrt« in Österreich, die damals anspruchsvollste Rennsportveranstaltung, eine Mischung aus

Bergrennen und Zuverlässigkeitsfahrt, und kurbelte damit die Nachfrage nach Automobilen von Audi derart an, dass diese bald die Fertigungskapazitäten überstieg.

Am 21. Januar 1915 wandelte Horch die GmbH in eine Aktiengesellschaft mit 1,5 Millionen Mark Kapital um.

Der Erste Weltkrieg, der die Pkw-Produktion praktisch zum Erliegen brachte, und der darauf folgende wirtschaftliche Niedergang Deutschlands als Folge von Reparationsverpflichtungen und der Inflation von 1923, führte zum Niedergang der über 300 unabhängigen Autoproduzenten in Deutschland, von denen kaum ein Dutzend überlebte. Von dieser Entwicklung blieb auch Audi nicht verschont, sodass der Hersteller 1928 vor der Liquidation stand.

Hilfe kam von DKW, einem Hersteller aus dem sächsischen Zschopau, dessen Eigner, der Däne Jorgen Skafte Rasmussen (1878 – 1964), der 1928 und 1929 in zwei Tranchen die Aktienmehrheit von Audi in Höhe von 2,6 Millionen Reichsmark übernahm. Rasmussen hatte bis zu diesem Zeitpunkt DKW zum anerkannten Autobauer und weltgrößten Motorradproduzenten ausgebaut. Audi blieb als Markenname erhalten, der Absatz brach jedoch immer weiter ein, sodass 1930 der Marktanteil von Audi an der gesamtdeutschen Autoproduktion nur noch 3,7 Prozent betrug.

In den frühen Dreißigern geriet das Rasmussen-Imperium ebenso in finanzielle Schwierigkeiten wie zwei andere sächsische Autoproduzenten: Horch und Wanderer. Die sächsische Staatsbank drängte als Gegenleistung für die erforderlichen Bürgschaften auf die Schaffung eines neuen Autokonzerns, der am 29. Juni 1932 rückwirkend zum 1. Januar 1931 gegründet wurde. Die neue »Auto Union« mit dem Emblem der vier ineinander verschlunge-

Jorgen Skafte Rassmusen (1878 – 1964).

Das erste Emblem von Auto Union.

nen Ringe, einen für jede Marke, befand sich schließlich zu 90 Prozent im Besitz der Bank und erreichte bereits 1934 einen Marktanteil von 22 Prozent in Deutschland. 1939 produzierten 23.000 Mitarbeiter rund 61.000 Autos und Motorräder.

Geprägt wurde die Epoche der Auto Union als erster großer deutscher Autokonzern in den Dreißigern durch den Motorsport. Das Messen der internationalen Automobilelite bei den Großen Preisen elektrisierte die Massen seit den Zwanzigern.

Ab 1925 wurden offizielle Weltmeisterschaften ausgetragen. Die im Januar 1933 in Deutschland an die Macht gewählten Nationalsozialisten erkannten die Publikumswirksamkeit des Rennsports für die Zwecke der Propaganda und begannen die Auto Union und Mercedes-Benz mit enormen Summen für den Rennsport zu subventionieren, um quasi die technische Überlegenheit Deutschlands auf den Grand-Prix-Strecken zu erkaufen. Mit Erfolg. Das Duell der »Silberpfeile« beider Marken überstrahlte den internationalen Motorsport zwischen 1934 und 1939.

Die »Silberpfeile« mit den vier Ringen, eine revolutionäre Entwicklung von Ferdinand Porsche (1875 – 1951) mit V16-Triebwerken in Mittelmotorlage, dominierten im Wechsel mit den Boliden von Mercedes Benz die Großen Preise bis zum Krieg, erwiesen sich mit Könnern am Volant wie dem Italiener Achille Varzi (1904 – 1948), Bernd Rosemeyer (1909 – 1938) oder Hans Stuck (1900 – 1978) auch am Berg als beinahe unschlagbar und schraubten im Duell mit dem Wettbewerber aus Stuttgart den Geschwindigkeits-Weltrekord für Straßenfahrzeuge bis auf 432 km/h.

Dieser inoffizielle Wettbewerb endete am 28. Januar 1938, als Rosemeyer versuchte, die 432,692 km/h, die Rudolf Caracciola (1901 – 1959) gerade mit seinem Mercedes

Typ C, Rekordwagen von 1937.

aufgestellt hatte, zu übertreffen. Auf der Autobahn Frankfurt – Darmstadt, die als Teststrecke fungierte, erfasste eine Windbö Rosemeyers 520 PS starken Auto Union mit seiner Stromlinienverkleidung bei 429,491 km/h und tötete ihn auf der Stelle.

Typ C 1927, Rekordwagen von 1937.

Typ K Stromlinie.

DKW-Lieferwagen in Ingolstadt.

Nachdem sich die Amerikaner, die Zwickau am 17. April 1945 eroberten, am 30. Juni aus der Region wieder zurückgezogen hatten, ordneten die nachrückenden Sowjets die Demontage aller Autoproduktionsstätten als Reparationsleistung an. Sämtliche Autohersteller auf dem Gebiet der DDR fasste der »Industrieverband Fahrzeugbau« (IFA) zu einem einzigen Fahrzeugproduzenten zusammen.

Die Unternehmensteile der Auto Union, die in den westlichen Besatzungszonen lagen, waren für eine Autoproduktion zu klein und lagen zu weit auseinander. Zudem existierte für die Marke im Westen keine geschäftsfähige Firmenkonstellation. Da die Besatzungsmächte ein Gesetz verabschiedet hatten, um das gesamte Eigentum des deutschen Staates beschlagnahmen zu können, darunter auch Firmen, die sich zu mehr als 50 Prozent im Besitz des Staates befunden hatten, konnte die Auto Union, die die Sowjets in ihrer Zone bereits aufgelöst hatte, im Westen nicht ohne weiteres weiter geführt werden.

Mit Krediten der bayerischen Landesregierung und Mitteln aus dem Marshall-Plan, gelang es, am 3. September 1949 das »Zentraldepot für Auto Union Ersatzteile GmbH« zu gründen. Da die Fahrzeuge von DKW vor dem Krieg über Frontantrieb und Zweitaktmotoren verfügt hatten, waren sie während des Krieges von der Wehrmacht nicht konfisziert worden. Die über 60.000 Vorkriegs-Zweitakter leisteten in der unmittelbaren Nachkriegszeit einen wichtigen Beitrag für die Mobilität von Verwaltung und ärztlicher Versorgung.

Diesen Bestand von DKW mit Ersatzteilen am Leben zu erhalten, war die Aufgabe der ersten Nachkriegsorganisation der Auto Union im Westen.

DKW-Sonderausführung.

DKW Malzini.

1950 kam es schließlich zur Neugründung der »Auto Union GmbH« in Ingolstadt. Dorthin flüchtete sich ein großer Teil der Mitarbeiter aus den ehemaligen Werken in Zschopau, Zwickau und Chemnitz und organisierte die Autoproduktion unter dem Markenname DKW für einen Schnelllaster und das Motorrad DKW RT 125. Zwar profitierte auch die Auto Union mit ihren Produkten am deutschen Wirtschaftswunder, doch die kurze Kapitaldecke brachte das Unternehmen immer wieder ins Schlingern. 1958 witterte der Großindustrielle Friedrich Flick (1883 – 1972) eine gute Gelegenheit und überredete als Hauptaktionär von Daimler Benz die Schwaben, 88 Prozent der Auto Union zu erwerben. Ende 1959 kamen die restlichen zwölf Prozent hinzu.

In der Praxis lagen die Produktpaletten der beiden Hersteller zu weit auseinander. Daimler-Benz gelang es nicht, einen Plan zu entwickeln, die Auto Union mit ihren Zweitakt-Fahrzeugen zu integrieren. Die Stuttgarter initiierten noch die Entwicklung einer Limousine mit Viertaktmotor auf Basis des DKW

102, doch bevor das Fahrzeug seine Marktreife erlangt hatte, trennte sich Daimler-Benz von der Auto Union.

Die Volkswagen AG, in den frühen Sechzigern zum größten Autobauer und deutschen Industrieunternehmen aufgestiegen, sah sich gezwungen, gegen die Monokultur des Käfers zu steuern und sein Angebot mit modernen Fahrzeugen in höheren Segmenten zu erweitern. Für eine rasche Reaktion mit eigenen Fahrzeugen fehlte Volkswagen jedoch die Kapazität im Bereich der firmeneigenen Forschung und Entwicklung. So bot sich die bei Daimler-Benz ungeliebte Auto Union mit dem neu entwickelten DKW 102 beziehungsweise 103 an. Zum 1. Januar 1965 übernahm Volkswagen 50,3 Prozent der Auto Union, Ende 1966 den Rest. Da DKW als Markenname zu eng mit der Zweitakt-Motorentechnik verknüpft war, die die wachsenden Anforderungen an Leistung und vor allem Abgasverhalten nicht mehr erfüllen konnte, wollte Volkswagen die neuen Modelle mit einem unbelasteten Markennamen auf den Markt bringen. Die Entscheidung fiel für Audi, da dieser Name als Autohersteller seit dem Krieg geruht hatte und dementsprechend unbelastet war. Mit dem F 103, den Volkswagen nach der Motorleistung als Audi 72, später als Audi 60, 75, 80 und »Super 90« vermarktete, begann die Erfolgsgeschichte von Audi. Mit den Baureihen 80, 100 und dem Kleinwagen Audi 50 etablierten sich die Ingolstädter innerhalb eines Jahrzehnts zwischen dem Ende der Sechziger und Anfang der Achtziger als ernstzunehmender Hersteller.

Einen ersten Vorgeschmack auf das spätere Firmenmotto »Vorsprung durch Technik« lieferte Audi mit dem neuen Vierzylindermotor aus dem F 103, der leicht, sparsam und modern später auch in die VW-Modelle der Nachboxer-Ära wie Passat und Golf passte.

Durch Fusion mit NSU entstand 1969 die »Audi NSU Auto Union AG«.

NSU, ein Zweiradproduzent aus dem schwäbischen Neckarsulm, der bereits 1873 als Pro-

DKW Sonderklasse Cabrio, 1955.

14

duzent von Strickmaschinen gegründet worden war, hatte sich 1886 der Produktion von Fahrrädern zugewandt und baute 1901 sein erstes Motorrad. Eine Kooperation mit Fiat zum Bau von Autos zwischen 1928 und 1932 scheiterte. Mit seinen Motorrädern kam NSU durch Wirtschaftskrise und Drittes Reich und erblühte nach dem Krieg schnell, weil Motorräder am leichtesten im frühen Wirtschaftswunder die Wünsche nach individueller Motorisierung erfüllen konnten.

Linke Seite oben: NSU TT.

Linke Seite unten: NSU Ro 80.

Unten: Käferproduktion Ingolstadt.

1955 war NSU mit 350.000 Motorrädern der größte Zweiradproduzent der Welt. Nachdem ab 1963 die Nachfrage nach Motorrädern schlagartig zurückgegangen war, konzentrierte sich NSU auf die Autoproduktion, die 1957 mit dem Kleinwagen »Prinz« begonnen hatte. NSU legte wie DKW in den Sechzigern Grundlagen für den Führungsanspruch von Audi bei technischen Innovationen. 1964 stellte NSU den Wankel-Spider als erstes Serienfahrzeug mit Rotationskolbenmotor vor, 1967 den Ro 80 mit gleichem Antriebskonzept und richtungsweisender, aerodynamisch optimierter Karosserie. Neben Entwicklung und Bau eigener Fahrzeuge unterstützte Audi in den späten Sechzigern Volkswagen bei der Produktion von Käfer-Modellen, von denen zwischen Mai 1965 und 4. Juli 1969 347.869 Einheiten in Ingolstadt vom Band liefen.

Ferdinand Piech.

wicklung. Der kreative Ingenieur schob sofort wichtige technische Neuentwicklungen an. Mit Innovationen wie dem ersten Allradantrieb quattro (1980) für Großserien-Pkw, der ersten komplett verzinkten Karosserie beim Audi 100 (C3 ab 1982), dem ersten Dieseldirekteinspritzer in einem Pkw (1987) oder der ersten Aluminium-Vollkarosserie bei einer Serienlimousine der Oberklasse (1994) schaffte

Die Fusion mit NSU bescherte Audi eine zweite Produktionsstätte in Neckarsulm. 1971 erschien in Zusammenhang mit einer Werbeanzeige für den Ro 80 zum ersten Mal der Slogan »Vorsprung durch Technik« in der Öffentlichkeit. Die treibende Kraft hinter dem Slogan war die wohl wichtigste Personalie in der jüngeren Geschichte von Audi. 1973 kam Ferdinand Piech als »Hauptabteilungsleiter für Sonderaufgaben in der technischen Entwicklung« nach Ingolstadt.
Der damals 36-jährige Enkel von Ferdinand Porsche hatte bis 1972 die technische Entwicklung von Porsche unter seinem Onkel Ferry (1909 – 1998) geleitet und sich dann gemäß eines Beschlusses der Familie aus dem Unternehmen zurückgezogen.
1975 berief Audi Ferdinand Piech in den Vorstand, verantwortlich für die technische Ent-

es die Marke, sich als weltweit akzeptierter Premiumhersteller auf Augenhöhe mit Mercedes und BMW zu positionieren.

1983 übernahm Piech den stellvertretenden Vorsitz bei Audi, 1985 erfolgte die Firmierung des Unternehmens als »Audi AG«, deren Vorsitz Ferdinand Piech schließlich 1988 erhielt und bis zu seinem Wechsel zu Volkswagen 1993 inne hatte.

Audi bekam von Anfang innerhalb des Volkswagenkonzerns die klare Positionierung als Marke für die gehobenen Segmente. Mit Erfolgen im Motorsport, (Rallye, Tourenwagen, Le Mans) unterstrich Audi sein ausgezeichnetes Image. Mit Lamborghini und Bentley hat Audi zwei der bekanntesten Marken des Luxussegments integriert. 2009 verkaufte die Marke 949.700 Automobile.

Heck des Audi Quattro.

Die Audi-Modellpalette 1971.

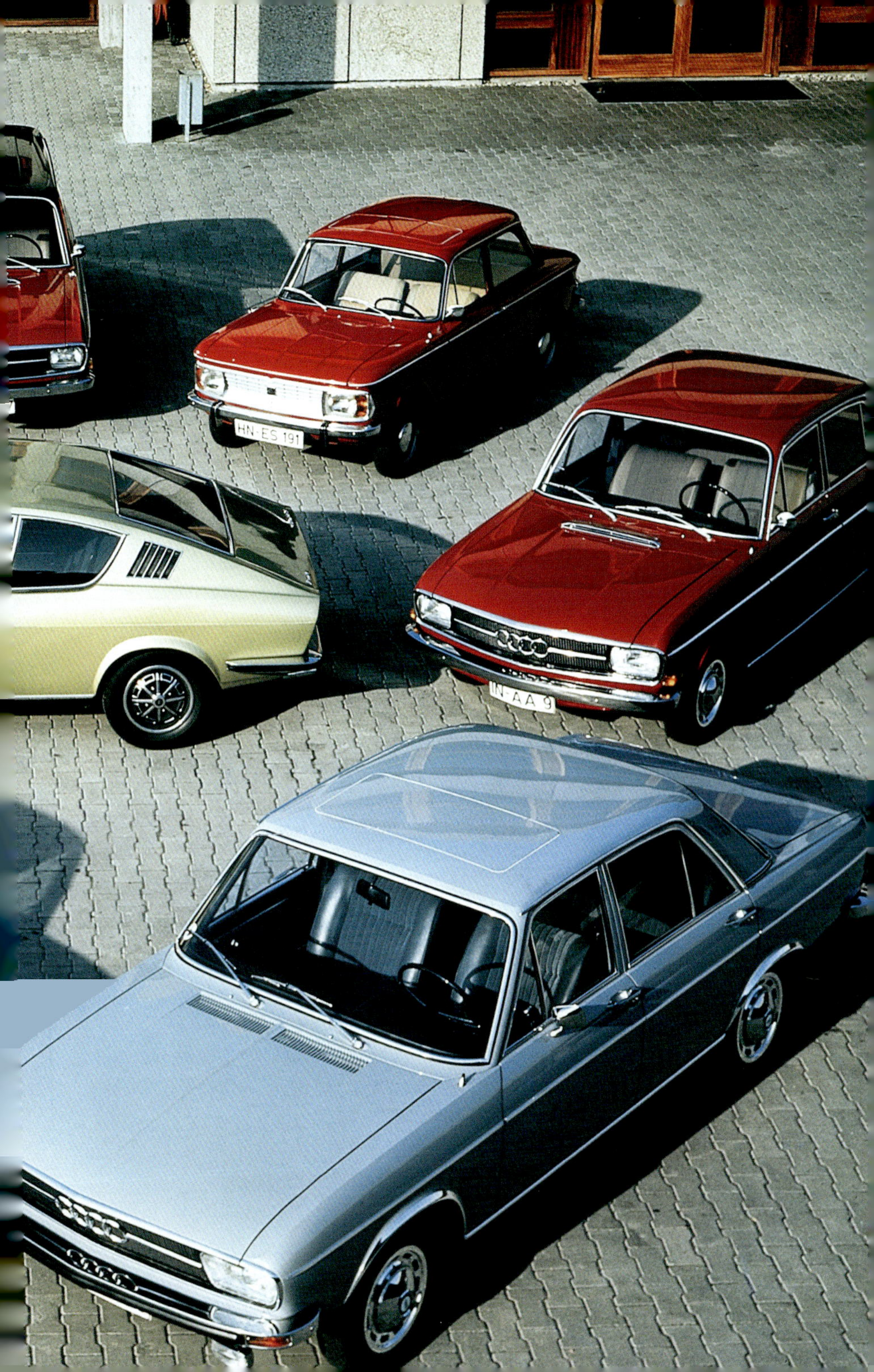
HN-ES 191
IN-AA 9

Audi Pkw – die Kleinwagen

Audi 50
(1974 - 1978)

Im Herbst 1974 stellte Audi ein richtungsweisendes Auto in einer ganz neuen Fahrzeugklasse vor. Der Audi 50 war ein 685 Kilo schwerer, 3512 Millimeter langer Kleinwagen mit zwei Türen und schräg stehender Heckklappe. Die Lehne der Rücksitze ließ sich umklappen und somit ein für die Autogröße außergewöhnlich großer Stauraum erzielen. Für den Antrieb sorgte ein Vierzylinder-Reihenmotor mit 1093 cm^3 Hubraum, ein Solex-Fallstromvergaser für die Gemischaufbereitung. Mit einer Verdichtung von 8,0:1 standen 50 PS bei 5800 min^{-1}, mit 9,3:1 60 PS bei 6000 min^{-1} zur Verfügung. Die 50 PS-Version bildete als Audi 50 LS die Einstiegsversion, der 60-PS-Motor war der gehobenen Version Audi 50 GL vorbehalten. Für die Kraftübertragung der Limousine mit selbsttragender Stahlkarosserie sorgte ein manuelles Viergang-Schaltgetriebe. Das Fahrwerk mit Einzelradaufhängung an McPherson-Federbeinen vorne und einer Verbundlenkerachse verschaffte dem Audi 50 ein agiles und sicheres Handling. Der Audi 50 war in nur 21 Monaten serienreif entwickelt worden und rollte bei Volkswagen in Wolfsburg vom Band. Nach 180.828 Exemplaren endete die Produktion. Aus Gesichtspunkten des Marketings übernahm der 1975 vorgestellte, technisch identische VW Polo die Rolle des Kleinwagens innerhalb des Volkswagenkonzerns. Mangels nennenswertem Rostschutz und wegen der Verwendung von Recyclingblechen mit einem hohen Anteil an Kupfer waren die Modelle des Audi 50 von starkem Rostbefall bedroht.

Modell	Audi 50
Baujahr	1974 – 1978
Motor	4-Zyl. Reihe
Nockenwelle, Vent./Zyl.	1 obenl./2
Bohrung/Hub (mm)	65,5/72
Verdichtung	8,0 : 1
Hubraum (cm^3)	1093
Leistung (PS/min^{-1})	50/5800
Max. Drehm. (Nm/min^{-1})	75,5/3500
Gemischaufbereitung	Fallstromvergaser
Kraftübertragung	Viergang, manuell
Radaufhängung vorne	einzeln, McPherson, Querl., Stabi.
Radaufhängung hinten	einzeln, Verbundlenker
Bremsen (vo./hi.)	Trommel/Trommel
Länge, Breite, Höhe (mm)	3512/1560/1344
Radstand (mm)	2335
Leergewicht (kg)	685
Höchstgeschw. (km/h)	142

Oben: Audi 50 von innen.

Linke Seite unten: Audi 50 1974.

Unten: Audi 50 in der Seitenansicht.

Audi A2
(1999 - 2005)

Mehr als zwei Jahrzehnte war Audi nicht mehr mit einem eigenen Kleinwagen vertreten, bis die Ingolstädter 1999 den A2 vorstellten. Bei der 3826 Millimeter langen Limousine konnte das Problem von Korrosion gar nicht erst auftreten, denn der A2 war und ist der bislang einzige Kleinwagen, dessen Karosserie komplett aus Leichtmetall gefertigt war. Audi hatte für den A2 die »Space-frame-Technologie« des 1984 erstmals vorgestellten A8 weiterentwickelt. Bei dieser Technik spannt sich die Karosserieaußenhaut aus Aluminium um eine verwindungssteife Struktur aus Leichtmetallstangenprofilen.

Mit einer Höhe von 1673 Millimeter bot der A3 im Innenraum ein großzügiges, fast vanmäßiges Raumangebot. Die ungewöhnliche Form hatte Audi bereits 1997 im Rahmen der IAA als Studie »Al$_2$« vorgestellt. Mit einem cW-Wert von 0,28 zeichnete sich die 2002 mit dem »Designpreis der Bundesrepublik Deutschland« ausgezeichnete Form durch hohe aerodynamische Effizienz aus.

Als Motoren standen zwei Benziner mit 1390 cm^3 Hubraum und 75 PS bei 5000 min^{-1} sowie mit 1598 cm3 Hubraum, Benzindirekteinspritzung (FSI) und 110 PS bei 5800 min^{-1} zur Verfügung. Drei Dieseldirekteinspritzer mit 1,2 beziehungsweise 1,4 Liter Hubraum standen in drei Leistungsstufen (61, 75 und 90 PS) zur Auswahl.

Der 1.2 TDI (61 PS) war mit Fahrwerksteilen aus Leichtmetall gewichtsoptimiert und verfügte über einen cW-Wert von 0,25, sodass er einen Normverbrauch von 2,99 Liter auf 100 Kilometer erreichte. Der A2 1.2 TDI ist bislang das einzige in Großserie produzierte Dreiliterauto mit fünf Türen.

Trotz seiner innovativen Technik und den verbrauchsgünstigen Motoren verkaufte sich der A2 in seiner rund sechsjährigen Bauzeit nur schleppend, sodass lediglich 176.377 Exemplare entstanden.

Als Gebrauchtfahrzeug gehört der A2 inzwischen zu den gefragtesten Modellen überhaupt.

Modell	Audi A2
Baujahr	1999 – 2005
Motor	(A2 1.4) 4-Zyl. Reihe
Nockenwelle, Vent./Zyl.	2 obenl./4
Bohrung/Hub (mm)	76,5/75,5
Verdichtung	10,5 : 1
Hubraum (cm^3)	1390
Leistung (PS/min^{-1})	75/5000
Max. Drehm. (Nm/min^{-1})	126/3800
Gemischaufbereitung	Einspritzung, elektronisch
Kraftübertragung	Fünfgang, manuell
Radaufhängung vorne	einzeln, McPherson, Querl., Stabi.
Radaufhängung hinten	einzeln, Verbundlenker
Bremsen (vo./hi.)	Scheibe/Trommel
Länge, Breite, Höhe (mm)	3826/1673/1553
Radstand (mm)	2405
Leergewicht (kg)	920
Höchstgeschw. (km/h)	173

Audi A1
(ab 2010)

Trotz der Schwierigkeiten bei der Vermarktung des A2 will Audi weiterhin im Segment der Kleinwagen vertreten bleiben. Als Antwort auf den Mini (BMW) und A-Klasse (Mercedes) stellten die Ingolstädter auf dem Genfer Autosalon 2010 den A1 vor.
Der 3990 Millimeter lange Kleinwagen, dessen Designstudie am 19. September 2008 im Rahmen des Pariser Autosalons vorgestellt worden war, basiert technisch auf der Plattform der fünften Generation des dreitürigen VW Polo, der seit März 2009 auf dem Markt ist und im November des gleichen Jahres die Auszeichnung »Auto des Jahres 2010« erhalten hatte.
Vorerst ist für den A1 nur eine zweitürige Schrägheckvariante vorgesehen. Sollten sich die geplanten 90.000 Einheiten pro Jahr zu Preisen ab 16.000 Euro vermarkten lassen, sind auch eine Cabrioversion und ein viertüriger Sportback auf Basis des A1 denkbar. Beim Antrieb kommen ausschließlich Vierzylindermotoren zum Einsatz. Die Benziner mit Direkteinspritzung leisten mit 1197 cm^3 Hubraum 105 PS bei 5000 min^{-1}, beziehungsweise 180 PS bei 6200 min^{-1} (1390 cm^3). Die vier Commonrail-Diesel liefern 75, 90, 105 und 143 PS.
Zur Ausstattung des A1 gehören umfangreiche elektronische Fahrdynamikregelungen (ABS mit EBA, ASR, ESP, Motorschleppmomentregelung) sowie optionale Angebote bis hin zum siebenstufigen Doppelkupplungsgetriebe bei der Kraftübertragung.

Modell	Audi A1
Baujahr	ab 2010
Motor 1.4 TFSI	4-Zyl. Reihe
Nockenwelle, Vent./Zyl.	2 obenl./4
Bohrung/Hub (mm)	76,5/75,5
Verdichtung	10 : 1
Hubraum (cm^3)	1390
Leistung (PS/min^{-1})	122/5000
Max. Drehm. (Nm/min^{-1})	200/1500 – 4000
Gemischaufbereitung	elektronische Direkteinspritzung, Turbo
Kraftübertragung	Sechsgang, manuell
Radaufhängung vorne	einzeln, McPherson, Querl., Stabi.
Radaufhängung hinten	einzeln, Verbundlenker
Bremsen (vo./hi.)	Scheiben innenbel./ Scheiben
Länge, Breite, Höhe (mm)	3954/1740/1416
Radstand (mm)	2469
Leergewicht (kg)	1045
Höchstgeschw. (km/h)	200

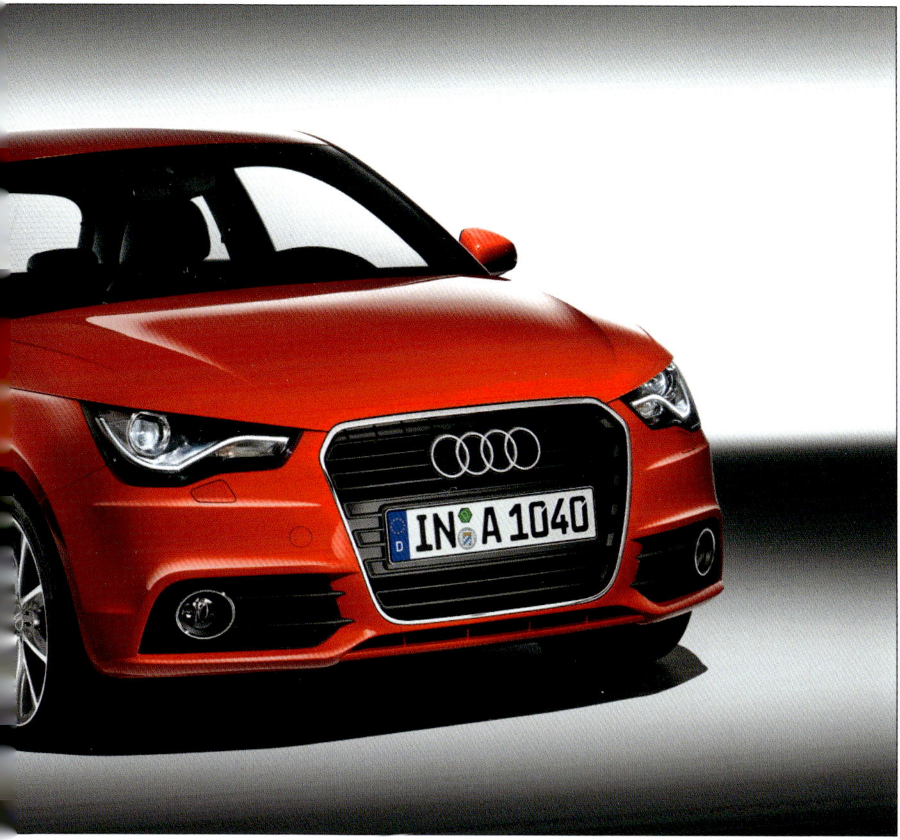
IN A 1040
D

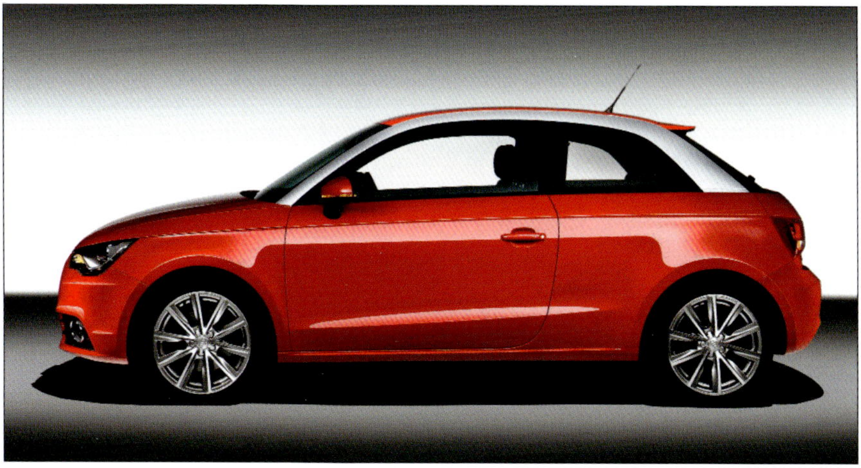

Audi A3 I
(1996 - 2003)

Nachdem sich Mercedes 1997 mit der A-Klasse als erster Premiumhersteller in das Segment der Kompaktfahrzeuge vorgewagt hatte, konterte Audi im selben Jahr mit dem A3. Für die technische Basis konnte Audi auf die Plattform der vierten Generation des VW Golf zurückgreifen, auf der eine Vielzahl von Konzernfahrzeugen wie der VW New Beetle, der Seat Leon, der Skoda Oktavia und später auch der Audi TT aufbauten.

Um die Konkurrenzsituation im eigenen Hause nicht zu verschärfen, gab es den 4152 Millimeter langen A3 vorerst nur als Dreitürer, der Fünftürer erschien schließlich 1999.

Wie der Golf verfügte auch der A3 über Frontantrieb. Der Allradantrieb quattro mit Lamellen-Mittendifferenzial (Haldex-Kupplung) war als Option erhältlich (serienmäßig bei der Topversion S3).

Für die erste Generation des A3 stand eine umfangreiche Auswahl an Motorvarianten zur Verfügung. Bei den Benziner spannte sich das Leistungsangebot von 100 bis 210 PS beim S3, der nach der Modellpflege 2000 sogar mit 225 PS aufwarten konnte. Der Einstiegsdiesel mit 90 PS blieb bis 2001 im Angebot, die 110-PS-Variante bis 2002. Ab 2001 leistete der kleine Diesel 100 PS, die stärkere Variante ab 2000 kam auf 130 PS.

Die umfangreiche Modellpflege von 2000 rückte den A3 optisch enger an den kurz zuvor vorgestellten A4 (B6) heran und verlieh dem Kompaktmodell eine höherwertige Anmutung.

Modell	Audi A3
Baujahr	1996 – 2003
Motor 1.6	4-Zyl. Reihe
Nockenwelle, Vent./Zyl.	2 obenl./4
Bohrung/Hub (mm)	81/77,4
Verdichtung	10,3 : 1
Hubraum (cm^3)	1595
Leistung (PS/min^{-1})	102/5600
Max. Drehm. (Nm/min^{-1})	148/3800
Gemischaufbereitung	elektronische Einspritzung
Kraftübertragung	Fünfgang, manuell
Radaufhängung vorne	einzeln, McPherson, Querl., Stabi.
Radaufhängung hinten	einzeln, Vierlenker
Bremsen (vo./hi.)	Scheiben innenbel./Scheiben
Länge, Breite, Höhe (mm)	4152/1735/1415
Radstand (mm)	2513
Leergewicht (kg)	1205
Höchstgeschw. (km/h)	185

Audi S3, 1. Generation.

Audi A3 II
(seit 2003)

Mit dem A3 war Audi ein außerordentlich erfolgreicher Auftritt in der Kompaktklasse gelungen. Wie sein Vorgänger nutzte auch die zweite Generation des A3 ab 2003 die Plattform des VW Golf. Allerdings konnten die Entwickler in Ingolstadt diesmal auf die fünfte Generation des Wolfsburger Millionensellers zurückgreifen.

Mit 4202 Millimetern geriet der Dreitürer 51 Millimeter länger als sein Vorgänger. Der 2005 vorgestellte Fünftürer rangiert im Programm von Audi als eigenständiges Modell Sportback, das sich vom Dreitürer durch eine 72 Millimeter längere Karosserie und ein eigenständiges Heckdesign unterscheidet. Auch die zweite Generation des A3 verfügt grundsätzlich über Frontantrieb und bietet den Allradantrieb quattro als Option. Das Mittendifferenzial bildet wieder eine Haldex-Kupplung.

Das Angebot an Motoren fällt für den aktuellen A3 noch umfangreicher aus. Die Benziner decken ein Leistungsspektrum zwischen 105 und 265 PS (S3) ab. Zwischen 2003 und 2009 war ein 3,2-Liter-V6 mit 250 PS als Topmotorisierung im Angebot, der serienmäßig über Allradantrieb verfügte und eine bei 250 km/h abgeriegelte Höchstgeschwindigkeit erreichte. Die Diesel decken ein Leistungsspektrum zwischen 90 und 170 PS ab.

Der aktuelle A3 erhielt 2005 zum Beginn des Modelljahrs 2006 eine Modellpflege, eine weitere folgte im April 2008; beide erbrachten unter anderem eine deutliche Veränderung der

Modell	Audi A3
Baujahr	seit 2003
Motor 1.4 TFSI	4-Zyl. Reihe
Nockenwelle, Vent./Zyl.	2 obenl./4
Bohrung/Hub (mm)	76,5/75,6
Verdichtung	10.0 : 1
Hubraum (cm^3)	1390
Leistung (PS/min^{-1})	125/5000
Max. Drehm. (Nm/min^{-1})	200/1500 - 4000
Gemischaufbereitung	elektronische Direkteinspritzung, Turbo
Kraftübertragung	Sechsgang, manuell
Radaufhängung vorne	einzeln, McPherson, Querl., Stabi.
Radaufhängung hinten	einzeln, Vierlenker
Bremsen (vo./hi.)	Scheiben innenbel./Scheiben
Länge, Breite, Höhe (mm)	4238/1765/1421
Radstand (mm)	2578
Leergewicht (kg)	1245
Höchstgeschw. (km/h)	203

Audi A3, 2. Generation.

Fahrzeugfront. Bei den optionalen Bi-Xenonscheinwerfern kommt serienmäßig ein LED-Tagfahrlicht zum Einsatz.
Im Zuge der jüngsten Modellpflege stellte Audi im Frühjahr 2008 das viersitzige A3 Cabrio mit Stoffverdeck vor.

Links: Audi S3 Sportback.

Rechts: Audi S3 2010.

Unten: Audi A3 Cabrio.

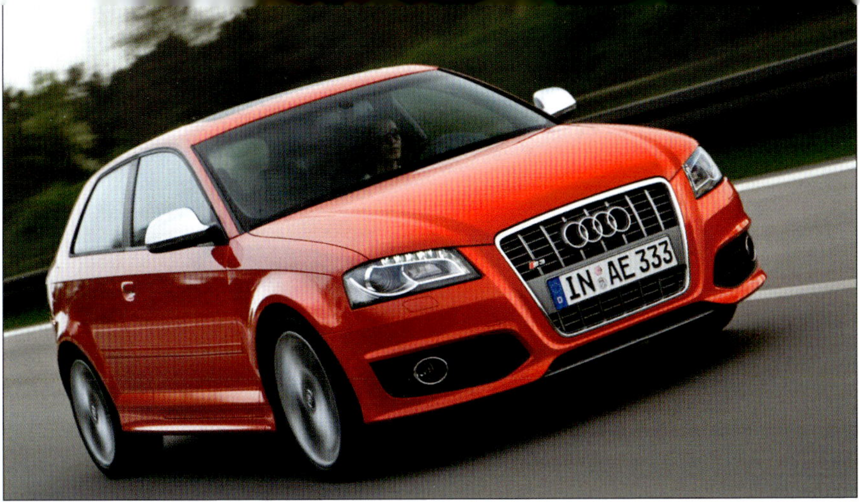
IN AE 333

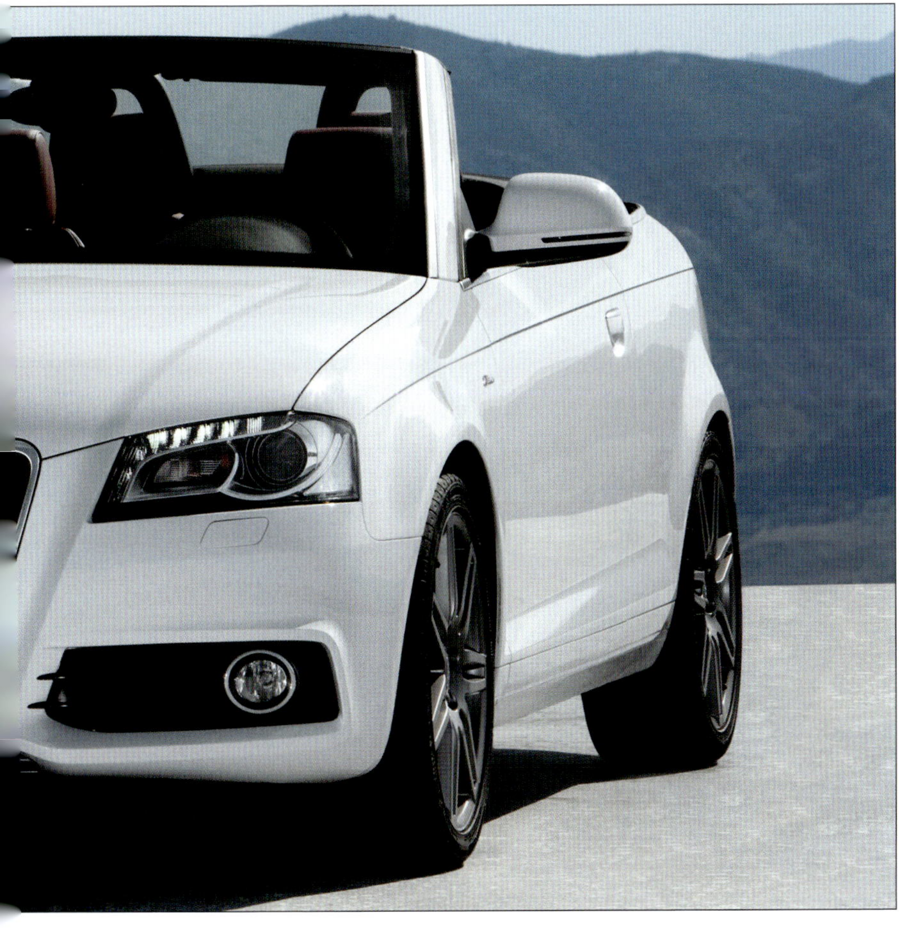

Audi Pkw – die Mittelklasse

Audi 60, 72, 75, 80, Super 90
(1965 – 1972)

Nachdem der Volkswagen-Konzern 1965 die »Auto Union GmbH« von Mercedes erworben und sich entschlossen hatte, die Modelle der neuen Konzernmarke künftig unter dem Namen Audi auf den Markt zu bringen, erhielt die intern unter der Bezeichnung F 103 entwickelte zwei- und viertürige Limousine als Modellbezeichnung einfach den neuen Markenname mit einer Ordnungszahl, die die Leistung der jeweiligen Variante beschrieb. Eine Ausnahme stellte der Audi 60 dar, der nur mit 55 PS zu haben war. Aber »60« klang einfach besser.
Die Entwicklung des F 103 war noch unter der Federführung von Mercedes erfolgt. Der F 103 hatte die Karosserie des F 102 übernommen, der als letzter DKW mit Dreizylindermotor entstanden war, aber bereits über eine moderne, selbsttragende Ponton-Karosserie mit 4380 Millimeter Länge verfügte, sich wegen der veralteten Motortechnik aber nur schleppend verkaufte.
Die neu entwickelten Reihenvierzylindermotoren mit 1,5 und 1,7 Liter Hubraum erhielten die Bezeichnung »Mitteldruckmotoren«, weil sie über eine relativ hohe Verdichtung von mehr als 9 : 1 verfügten und Superbenzin mit 98 Oktan benötigten. Eine untenliegende, von einer Steuerkette angetriebene Nockenwelle steuerte die Ventile via Stoßstangen und Kipphebel.
Zur Modelleinführung 1965 trat nur der Audi 72 an, der bis 1969 im Programm blieb. Zwischen 1966 und 1969 lieferte der Audi 80 die gehobene Motorisierung, ab 1966 der Super 90 die Topmotorisierung. Ab 1968 übernahm der Audi 60 mit 55 PS die Rolle des Einstiegsmodells, der Audi 75 löste 1969 den 72 ab. Mit dem Super 90 begann Audi auch den Export in die Vereinigten Staaten.
Als zweite Karosserievariante ergänzte der Kombi das Modellangebot des ersten Audi, der mit allen Motoren außer dem mit 90 PS verfügbar war und gemäß der VW-Tradition

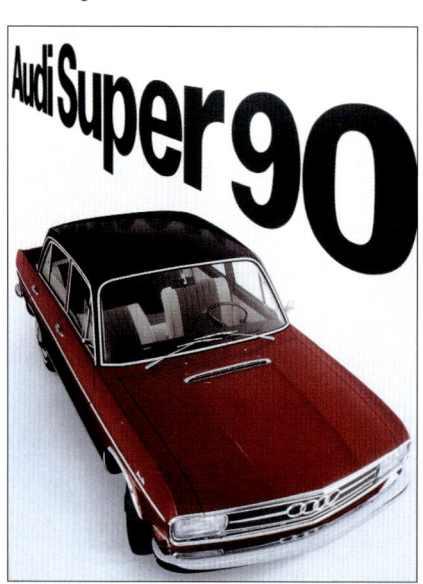

die Zusatzbezeichnung »Variant« trug. Die erste Mittelklassebaureihe von Audi erwies sich bereits als großer Markterfolg, wie 389.361 gefertigte Einheiten belegen.

Modell	Audi 60
Baujahr	1965 – 1972
Motor 1.5	4-Zyl. Reihe
Nockenwelle, Vent./Zyl.	1 untenl./2
Bohrung/Hub (mm)	80/74,4
Verdichtung	9,1 : 1
Hubraum (cm^3)	1496
Leistung (PS/min^{-1})	55/
Max. Drehm. (Nm/min^{-1})	–
Gemischaufbereitung	Vergaser
Kraftübertragung	Viergang, manuell
Radaufhängung vorne	einzeln, dop. Dreiecksquerl. Torsionsstab
Radaufhängung hinten	Torsionskurbelachse
Bremsen (vo./hi.)	Scheiben/Trommel
Länge, Breite, Höhe (mm)	4380/1626/1451
Radstand (mm)	2490
Leergewicht (kg)	960
Höchstgeschw. (km/h)	138

Oben: Audi 60 1969.

Mitte: Audi 60 Gepäckraum.

Unten: Audi 60 Kombi.

Audi 80 B1
(1972 - 1978)

Bereits mit der ersten Baureihe hatte sich Audi als ernstzunehmender neuer Anbieter in der Mittelklasse etabliert. Den Nachfolger für den F 103 stellten die Ingolstädter 1973 im März auf dem Genfer Autosalon vor.

Technik und Konzept der 4200 Millimeter langen Limousine mit zwei und vier Türen waren für das gesamte Modellprogramm des Volkswagenkonzerns in den Siebzigern richtungsweisend. Der 1973 von VW vorgestellte Passat unterschied sich lediglich in der Gestaltung der Karosserie vom Audi 80.

Die neu konstruierte Motorengeneration mit vier Zylindern in Reihe verfügte über eine obenliegende Nockenwelle, die über Tassenstößel die Ventile steuerte. Der Basismotor kam auch bei den VW-Modellen Passat, Golf und Scirocco zum Einsatz.

Mit nur 900 kg Leergewicht war der Audi 80 leicht und in Verbindung mit den neuen Motoren verbrauchsgünstig, was den Erfolg der Reihe während der Ölkrise 1973 beschleunigte.

Die Nomenklatur der Leistungsstufen konnte sich bei der durchgehenden Modellbezeichnung Audi 80 nicht mehr in der Endziffer niederschlagen. Das übernahmen die Ausstattungsvarianten. Audi 80 und Audi 80 L bildeten mit 55 PS die Einstiegsvarianten. S, LS und GLS (1976 - 1978) waren mit 75 PS zu haben. GL (1972 - 1976), LS (1976 - 1978), GLS (1976 - 1978) und GLX (1978) boten 85 PS. Die Spitzenmotorisierungen bildeten mit 100 PS der GT (1973 - 1975) und der GTE mit einer Bosch K-Jetronic und 110 PS. Der GTE sorgte nicht zuletzt im Motorsport für Furore.

Oben: Audi 80 1970.

Unten: Audi 80 1977.

Obwohl der Audi 80 keine Kombiversion erhielt, um nicht in Konkurrenz mit dem Passat Variant zu treten, brachte es die Modellreihe in ihrer Bauzeit auf rund 1,1 Millionen Einheiten.

Modell	Audi 80 B1
Baujahr	1972 – 1978
Motor GTE	4-Zyl. Reihe
Nockenwelle, Vent./Zyl.	1 obenl./2
Bohrung/Hub (mm)	79,5/80
Verdichtung	–
Hubraum (cm^3)	1588
Leistung (PS/min^{-1})	110/6100
Max. Drehm. (Nm/min^{-1})	–
Gemischaufbereitung	elektr. Einspritzung, Bosch K-Jetronic
Kraftübertragung	Viergang, manuell
Radaufhängung vorne	einzeln, McPherson, Querl., Stabi.
Radaufhängung hinten	Torsionskurbelachse, Panharstab
Bremsen (vo./hi.)	Scheiben innenbel./Trommel
Länge, Breite, Höhe (mm)	4200/1600/1360
Radstand (mm)	2470
Leergewicht (kg)	880
Höchstgeschw. (km/h)	181

Audi 80 B2
(1978 – 1986)

Audi stellte die zweite Generation des 80 im September 1978 der Öffentlichkeit vor. Die wiederum mit zwei und vier Türen erhältliche Stufenhecklimousine war um 183 Millimeter deutlich auf 4383 Außenlänge Millimeter gewachsen. Die Grundform hatte Claus Luthe (1932 – 2008), der Schöpfer des Ro 80 gezeichnet, nach dessen Wechsel zu BMW überarbeitete und vollendete Giugiaro den Entwurf zu einer geradlinigen Anmutung mit im Vergleich zum Vorgänger deutlich reduziertem Chromschmuck.

Das Angebot an Motoren orientierte sich beim Audi 80 B2 im Wesentlichen am Vorgänger. Für den Einstieg standen 55 PS, ab 1981 60 PS zur Verfügung. Darauf folgten der 1,6-Liter mit 75 PS, dessen Hubraum 1983 von 1577 auf 1595 cm^3 wuchs und der im letzten Baujahr mit ungeregeltem Katalysator und 73 PS verfügbar war. 85 PS aus 1,6 Liter standen zwischen 1980 und 1983 zur Verfügung, danach 90 PS aus 1,8 Liter, ab 1984 mit Einspritzung und geregeltem Katalysator. Der GTE erstarkte 1983 auf 112 PS und wurde ab 1985 parallel mit geregeltem Katalysator und 110 PS angeboten.

Ab 1981 bildete der Audi 80 CD mit Zweiliter-Fünfzylinder und Einspritzung das Topmodell, zwischen 1982 und 1984 der 80 quattro mit 2,2-Liter-Fünfzylinder mit 136 PS.

Mit der zweiten Generation des Audi 80 begann auch das Dieselzeitalter für die Ingolstädter Mittelklasse. Die 1,6-Liter Saugdiesel mit Wirbelkammer mobilisierten in zwei Leistungsstufen 54 und 70 PS. Die gründliche Modellpflege bescherte der Baureihe im August

Modell	Audi 80 B2
Baujahr	1978 – 1986
Motor 1.6 GTE	4-Zyl. Reihe
Nockenwelle, Vent./Zyl.	1 obenl., 4
Bohrung/Hub (mm)	79,5/80
Verdichtung	9,5 : 1
Hubraum (cm^3)	1588
Leistung (PS/min^{-1})	110/6100
Max. Drehm. (Nm/min^{-1})	137/5000
Gemischaufbereitung	Einspritzung, K-Jetronic
Kraftübertragung	Viergang, manuell
Radaufhängung vorne	einzeln McPherson, Querl., Stabi.
Radaufhängung hinten	Starrachse, Panhardstab
Bremsen (vo./hi.)	Scheiben/Trommeln
Länge, Breite, Höhe (mm)	4383/1682/1365
Radstand (mm)	2541
Leergewicht (kg)	ab 950
Höchstgeschw. (km/h)	183

1984 eine überarbeitete Karosserie, bei der auf Chrom fast vollständig verzichtet wurde. Zwischen 1979 und 1984 bot Audi die Baureihe als »Audi 4000« mit 75, 101 und 120 PS in der gehobenen CD-Ausstattung auch in den Vereinigten Staaten an.

Oben: Audi 80 quattro 1983.

Links: Audi 80 1982.

Unten: Audi 80 II 1978.

Audi 80 B3
(1986 - 1991)

Die dritte Generation des Audi 80 brachte formal einen totalen Bruch mit den beiden Vorgängern. Die unter aerodynamischen Gesichtspunkten entwickelte und optimierte Linie verfügte über einen cW-Wert von 0,29 und folgte damit dem Vorbild des 1982 vorgestellten Audi 100 (C3). Wie das große Schwestermodell verfügte der auf 4395 Millimeter nur geringfügig gewachsene Viertürer über die erste vollverzinkte Karosserie seiner Klasse. Beim neuen 80 präsentierte Audi im Geiste des Firmenmottos »Vorsprung durch Technik« das Sicherheitssystem »Procon-Ten« als Alternative zum Airbag, bei dem im Falle eines Aufpralls eine Mechanik das Lenkrad weg vom Fahrer in Richtung Armaturenbrett zog. In Verbindung mit einem mechanischen Gurtstraffer sollten besonders Kopfverletzungen verringert werden.

Die Bauzeit des Audi 80 B3 fiel in die Epoche der generellen Umstellung der Motortechnik auf Versionen mit geregeltem Dreiwege-Katalysator, die für ein unübersichtliches Angebot

Audi 80 1986.

verantwortlich waren. Bis 1991 bildeten die Einstiegsmotorisierung zwei Vergaserversionen des 1,6-Liter mit 65 und 75 PS. Es gab für den B3 Vergasermotoren mit ungeregeltem Katalysator sowie Einspritzmotoren mit und ohne Katalysator bis maximal 137 PS. Zu den beiden Wirbelkammerdieseln mit 1,6 Liter Hubraum und 54 bzw. 80 PS gesellte sich ein Turbodiesel mit 80 PS aus dem gleichen Hubraum.

Auf der Plattform des Audi 80 B3 entstand ab 1988 als zweite Karosserievariante ein zweitüriges Coupé und ab 1991 ein viersitziges Cabriolet, das bis 2000 gebaut wurde.

Modell	Audi 80 B3
Baujahr	1986 – 1991
Motor 2.0 16V	4-Zyl. Reihe
Nockenwelle, Vent./Zyl.	1 obenl., 4
Bohrung/Hub (mm)	82,5/92,8
Verdichtung	10,8 : 1
Hubraum (cm^3)	1984
Leistung (PS/min^{-1})	137/5800
Max. Drehm. (Nm/min^{-1})	181/4500
Gemischaufbereitung	elektronische Einspritzung
Kraftübertragung	Viergang, manuell
Radaufhängung vorne	einzeln McPherson, Querl., Stabi.
Radaufhängung hinten	einzeln, Torsionskurbelachse
Bremsen (vo./hi.)	Scheiben/Scheiben
Länge, Breite, Höhe (mm)	4395/1695/1395
Radstand (mm)	2535
Leergewicht (kg)	1030 – 1270
Höchstgeschw. (km/h)	208

Audi 80 B4
(1991 - 1994)

Mit der vierten Generation endet die Geschichte des Audi 80. Technisch gesehen konnte in Zusammenhang mit dem B4 auch von einer umfangreichen Modellpflege des B3 gesprochen werden. Um die neu konstruierte Verbundlenker-Hinterachse für die Fronttriebler und Doppelquerlenker-Konstruktion für die Quattro-Modelle unterzubringen, war ein auf 2597 Millimeter verlängerter Radstand erforderlich. Darum wuchs die Karosserie auf 4487 Millimeter Gesamtlänge.

Die letzte Generation des Audi 80 führte auch wieder die Baureihen 80 und 90 zusammen, sodass die dem 90 vorbehaltenen Fünfzylindermotoren nun auch dem Audi 80 zur Verfügung standen. Als Topmotorisierung zog erstmals ein V6 mit 2,8 Liter Hubraum unter die Haube des Audi 80 ein, der 174 PS leistete.

In der Geschichte des Audi 80 B4 kamen insgesamt zwölf Motoren zwischen 71 und 315 PS zum Einsatz. Die sportlichen Sondermodelle S2 und RS2 bildeten die Imageträger der Reihe. 1992 erweiterte der Kombi Avant das Modellangebot des Audi 80 B4.

Rechts oben: Audi S2 Avant.

Rechts: Cabrio 1991.

Unten: Audi S2 Limousine.

Nach dem Produktionsende der Limousine 1994 baute Audi den Avant noch bis Ende 1995 weiter.

Modell	Audi 80 B4
Baujahr	1991 – 1994
Motor 2.6E	V6
Nockenwelle, Vent./Zyl.	1 obenl./2
Bohrung/Hub (mm)	82,5/81
Verdichtung	10 : 1
Hubraum (cm^3)	2598
Leistung (PS/min^{-1})	150/5750
Max. Drehm. (Nm/min^{-1})	225/3500
Gemischaufbereitung	elektronische Einspritzung
Kraftübertragung	Fünfgang, manuell
Radaufhängung vorne	einzeln, McPherson, Querl., Stabi.
Radaufhängung hinten	einzeln, Torsionskurbelachse
Bremsen (vo./hi.)	Scheiben innenbel./Scheiben
Länge, Breite, Höhe (mm)	4482/1695/1408
Radstand (mm)	2597
Leergewicht (kg)	1320
Höchstgeschw. (km/h)	207

Audi RS2
(1994 – 1996)

Mit dem RS2 kreierte Audi 1994 ein Kultauto, das den sportlichen Ruf der Marke wesentlich verbesserte. Mit Ausnahme von drei Limousinen, von denen eine zum Bestand des Audi-Museums in Ingolstadt zählt, entstand der RS2 für Kunden ausschließlich als Avant in genau 2891 Exemplaren.

Der bis dahin stärkste Serien-Audi aller Zeiten knüpfte technisch und leistungsmäßig an den Sportquattro an. Der Fünfzylinder mit 2,2 Litern Hubraum und Turboaufladung im RS2 leistete 315 PS. Der Sportkombi mit serienmäßigem Allradantrieb quattro entstand in enger Zusammenarbeit mit Porsche, wo auch die Fertigung erfolgte. Der RS2 erhielt eine dezent modifizierte Karosserie und war nicht zuletzt an den Leichtmetallrädern mit 17 Zoll Durchmesser erkennbar, deren Design mit dem des 911 identisch war. Audi bot den RS2 in neun Farben an, die meisten Kunden entschieden sich aber für das charakteristische »Nogaro-Blau«.

Der RS2 begründete seinen Ruhm mit der Verbindung aus uneingeschränkter Alltagstauglichkeit, dem praktischen Nutzwert eines Kombis und den Fahrleistungen eines Hochleistungssportwagen, wie die 5,4 Sekunden belegen, die der RS2 für den Sprint aus dem Stand auf Tempo 100 benötigte.

Modell	Audi RS2
Baujahr	1994 – 1996
Motor	Fünfzylinder, Reihe, Turboaufladung
Nockenwelle, Vent./Zyl.	2 obenl./4
Bohrung/Hub (mm)	81/86,4
Verdichtung	9,0 : 1
Hubraum (cm³)	2226
Leistung (PS/min^{-1})	315/6500
Max. Drehm. (Nm/min^{-1})	410/3000
Gemischaufbereitung	elektronische Benzindirekteinspritzung
Kraftübertragung	Sechsgang manuell, Allradantrieb
Radaufhängung vorne	einzeln, Dreiecksquerlenker, Stabi.
Radaufhängung hinten	einzeln, Doppelquerlenker, Stabi.
Bremsen (vo./hi.)	Scheiben innenbel./Scheiben innenbel.
Länge, Breite, Höhe (mm)	4510/1695/1386
Radstand (mm)	2597
Leergewicht (kg)	1595
Höchstgeschw. (km/h)	250

Audi RS4 B5
(1999 - 2001)

Der Erfolg des RS2 und der Imagetransfer des Sportkombis veranlassten Audi, einen Nachfolger zu entwickeln, der als sportliches Topmodell die Baureihe A4 abschließen sollte: mit dem Zusatzkürzel RS, das seitdem das Synonym für alle sportlichen Topmodelle bei Audi bildet. Im Gegensatz zum RS2, der zusammen mit Porsche entstanden war, betraute Audi mit Entwicklung und Produktion des RS4 die hauseigene »quattro GmbH«.

Als Basis für die Motorisierung des RS4 diente der 2,7-Liter-V6, der im S4 265 PS leistete. Die damals zum VW-Konzern gehörende, britische Sportwagenschmiede Cosworth modifizierte Zylinderköpfe, Lader und Ladeluftkühlung, sodass dem RS4 380 PS zur Verfügung standen, die selbstverständlich via Allradantrieb auf die Straße gelangten.

Trotz üppiger Ausstattung und 1620 Leergewicht spurtete der erste RS4 aus dem Stand in 4,9 Sekunden auf 100 km/h. Für die Kraftübertragung sorgte ein Sechsgang-Schaltgetriebe. In den drei Produktionsjahren entstanden 6030 vom ersten RS4. Mithin doppelt so viele Einheiten, als ursprünglich von Audi geplant.

Modell	Audi RS4 B5 (Avant)
Baujahr	1999 – 2001
Motor	V6 Biturbo
Nockenwelle, Vent./Zyl.	2 obenl./5
Bohrung/Hub (mm)	81/86,4
Verdichtung	9,0 : 1
Hubraum (cm^3)	2671
Leistung (PS/min^{-1})	380/6100
Max. Drehm. (Nm/min^{-1})	440/2500 - 6000
Gemischaufbereitung	elektronische Benzineinspritzung
Kraftübertragung	Sechsgang manuell, Allradantrieb
Radaufhängung vorne	einzeln, Vierlenker, Querl., Stabi.
Radaufhängung hinten	einzeln, Doppelquerlenker, Stabi.
Bremsen (vo./hi.)	Scheiben innenbel./ Scheiben innenbel.
Länge, Breite, Höhe (mm)	4525/1799/1386
Radstand (mm)	2617
Leergewicht (kg)	1620
Höchstgeschw. (km/h)	250

Audi A4 B5
(1994 - 2001)

Ende 1994 stellte Audi den Nachfolger für den 80 B4 vor. Mit der fünften Generation erhielt die erfolgreiche Baureihe, die sich inzwischen auf Augenhöhe mit der C-Klasse von Mercedes und der Dreierreihe von BWM bewegen konnte, auch eine neue Modellbezeichnung: A4. Formal entfernte sich die 4448 Millimeter lange Stufenhecklimousine deutlich von den Vorgängermodellen durch ihre abgerundeteren Proportionen und den eher fließenden Übergängen der Karosseriebereiche. Im Innenraum verdeutlichten hochwertigere Materialien und Oberflächen den gehobenen Anspruch der Marke. Für ein besseres Lenkverhalten und verringerte Fahrbahneinflüsse erhielt der erste A4 eine neue aufwendige Vierlenker-Vorderachse. Die Hinterachse blieb im Vergleich zum Vorgänger im Wesentlichen unverändert. Der erste A4 basierte auf der gleichen Konzernplattform wie der Audi A6 (C5) und der VW Passat (B5). Im Januar 1996 erschien zur Limousine auch die zweite Generation des Avant; das Cabrio auf Basis des Audi 80 B3 blieb bis 2000 in Produktion (ab 1997 bei Karman).

Insgesamt sechs Vierzylinder zwischen 101 und 180 PS, sowie acht V6 zwischen 163 und 380 PS (RS4) standen über die Bauzeit des B5 zur Auswahl. Dazu kamen acht Vierzylinder-Diesel mit 1,9 Liter Hubraum zwischen 75 und 115 PS zum Einsatz, sowie ein 2,5-Liter-V6-Diesel mit 150 PS.

Im Oktober 1997 stellt Audi auf Basis des A4 Avant das erste serienmäßige Hybridfahrzeug der Welt mit einer Kombination von Verbrennungs- und Elektromotor noch vor dem Toyota Prius vor. Der Preis von 60.000 Mark war jedoch dafür verantwortlich, dass kaum 100 Einheiten in zwei Jahren entstanden.

Am Erfolg des B5 konnte die Hybridbilanz nicht rütteln. In der sechsjährigen Produktionszeit entstanden 1.680.989 Einheiten, davon 510.720 Avant (30,4 Prozent).

Modell	Audi A4 B5
Baujahr	1994 – 2001
Motor 1.8T	4-Zyl. Reihe
Nockenwelle, Vent./Zyl.	2 obenl./5
Bohrung/Hub (mm)	81/86,4
Verdichtung	9,5 : 1
Hubraum (cm³)	1781
Leistung (PS/min⁻¹)	150/5700
Max. Drehm. (Nm/min⁻¹)	210/1750 – 4600
Gemischaufbereitung	elektronische Einspritzung, Turbo
Kraftübertragung	Fünfgang, manuell
Radaufhängung vorne	einzeln, McPherson, Querl., Stabi.
Radaufhängung hinten	einzeln, Verbundlenker
Bremsen (vo./hi.)	Scheiben innenbel./ Scheiben
Länge, Breite, Höhe (mm)	4479/1733/1415
Radstand (mm)	2617
Leergewicht (kg)	1235
Höchstgeschw. (km/h)	222

Audi A4 B6
(2000 - 2004)

Die zweite Generation des A4 orientierte sich formal an der Grundlinie des Vorgängers und näherte sich weiter an den A6 an. Der B6 verlängerte sich auf 4544 Millimeter. Die 33 Millimeter Wachstum in der Breite kamen vor allem der Schulterfreiheit der Passagiere zugute.
Beim grundlegenden Aufbau des Fahrwerks ändert Audi nichts. Allerdings bestanden mehr Komponenten aus Leichtmetall. Damit ließ sich das Gewicht in diesem Bereich um 8,5 Kilo senken.
Zum Motorenprogramm aus dem Vorgänger gesellten sich zwei neue Benzinmotoren aus Leichtmetall mit Fünfventiltechnik. Der Zweiliter leistete 130 PS, der V6 mit drei Liter Hubraum lieferte 220 PS. Für das Topmodell »S4« stand erstmals in der Baureihe ein V8 mit 4163 cm^3 Hubraum zur Verfügung, der 344 PS bei 7000 min^{-1} mobilisierte. Vierzylinder-Diesel waren mit 101, 115 und 130 PS im Angebot, die Sechszylinder mit 2496 cm^3 Hubraum begannen mit 155 und 180 PS, ab 2002 stieg die Leistung des schwächeren V6 auf 163 PS.
Als Kraftübertragung stand für den B6 optional erstmals die stufenlose »Multitronic« zu Ver-

Modell	Audi A4 B6
Baujahr	2000 – 2004
Motor 1.9 TDI	4-Zyl. Reihe
Nockenwelle, Vent./Zyl.	2 obenl./2
Bohrung/Hub (mm)	79,9/95,9
Verdichtung	19,0 : 1
Hubraum (cm^3)	1896
Leistung (PS/min^{-1})	130/4000
Max. Drehm. (Nm/min^{-1})	310/1900
Gemischaufbereitung	Direkteinspr., Pumpe-Düse, Turbo, Ladeluftk.
Kraftübertragung	Sechsgang, manuell
Radaufhängung vorne	einzeln, Vierlenkerachse
Radaufhängung hinten	einzeln, Trapezlenker
Bremsen (vo./hi.)	Scheiben innenbel./Scheiben
Länge, Breite, Höhe (mm)	4584/1772/1428
Radstand (mm)	2650
Leergewicht (kg)	1460
Höchstgeschw. (km/h)	210

fügung, die allerdings nur mit den Fronttrieblern kombiniert werden konnte.
Im Zuge einer Modellpflege erhielt der B6 ab Mitte 2003 Stoßfänger und Seitenschweller in Wagenfarbe. Wie der Vorgänger erhielt auch der B6 eine Kombiversion Avant, die im September 2001 auf den Markt kam. Das Cabriolet folgte im April 2002. Während der vierjährigen Bauzeit entstanden 1.200.825 Einheiten des A4 B6. Mit 482.633 Exemplaren erzielte der Avant einen Anteil von 40,2 Prozent.

Audi A4 B7
(2004 - 2008)

Die zahlreichen Änderungen an Optik und Technik gegenüber dem B6 bescherten den ab 2004 entstandenen Modellen in der Audi-Modellgeschichte eine eigene Modellbezeichnung: B7. Während der Innenraum bis auf Lenkrad, Sitze und Zeiger der Instrumente gegenüber dem B6 unverändert blieb, erhielt der B7 praktisch ein neues Design für die Karosserie. Besonders augenfällig fiel der Wechsel zum sogenannten »Singleframe-Kühlergrill« aus, der inzwischen das gesamte Modellangebot von Audi auszeichnet.
Technisch hielten überarbeitete Motoren ebenso beim B7 Einzug wie verbesserte Airbags (adaptiv), Regensensor, Kurvenlicht und ein überarbeitetes ESP.
Die Motorenpalette der Vierzylinder ergänzten aufgeladene Zweiliter-Vierzylinder mit Vierventiltechnik und Direkteinspritzung mit 170, 200 und 220 PS. Der 3,2-Liter-V6 mit Benzindirekteinspritzung erstarkte auf 255 PS. Während die Leistung des S4 mit 344 unverändert blieb, ergänzte die Topversion RS4 mit einem direkteinspritzenden V8 und 420 PS das Angebot. Vierzylinderdiesel waren mit 115, 140 und 170 PS zu haben, während die Sechszylinder 163, 180, 204 und 244 PS leisteten.
Limousine und Kombi des B7 brachten es bis zum Produktionsende im November 2007 (Kombi März 2008) auf 800.000 Exemplare, wobei der Anteil des Avant auf rund 50 ge-

Rechts: Audi A4 quattro Kombi 2007.

Unten: Audi A4 Cabrio.

Modell	Audi A4 B7
Baujahr	2004 – 2008
Motor 3.2 FSI quattro	V6
Nockenwelle, Vent./Zyl.	2 obenl./4
Bohrung/Hub (mm)	84,5/92,8
Verdichtung	12,5 : 1
Hubraum (cm^3)	3123
Leistung (PS/min^{-1})	250/6500
Max. Drehm. (Nm/min^{-1})	330/3250
Gemischaufbereitung	Direkteinspritzung, vollelektronisch,
Kraftübertragung	Sechsgang, manuell,
Radaufhängung vorne	permanenter Allrad einzeln, Vierlenker
Radaufhängung hinten	einzeln, Trapezlenker
Bremsen (vo./hi.)	Scheiben innenbel./Scheiben
Länge, Breite, Höhe (mm)	4586/1772/1427
Radstand (mm)	2642
Leergewicht (kg)	1450
Höchstgeschw. (km/h)	250

stiegen war. Das Cabrio auf Basis des B7 debütierte im Januar 2006 und wurde bis Februar 2009 gebaut. Danach nahm die Cabrioversion des A5 die Rolle des viersitzigen Cabriolets im Audi-Angebot.

Nach Produktionsende des B7 transportierte Audi die Fertigungsanlagen mit 1200 Lkw-Ladungen ins spanische Martorell, wo seitdem der technisch identische Seat Exeo entsteht.

Audi RS4 B7
(2005 – 2009)

Vier Jahre mussten sich die Fans des stärksten Vertreters der Baureihe A4 gedulden, bis Audi 2005 wieder einen RS 4 vorstellte. Im Gegensatz zum Vorgänger, der nur als Avant im Angebot war, kombinierte Audi bei der zweiten Generation die RS4-Technik ab 2006 mit allen drei Karosserievarianten: Kombi, Limousine und Cabrio. Beim Antrieb beschritt Audi neue Wege. Waren bislang aufgeladene Motoren ein wesentliches Merkmal der RS-Modelle, so kam beim RS des B7 ein hochdrehender V8 zum Einsatz. Das Triebwerk mit Direkteinspritzung findet sich auch im R8. Die Höchstdrehzahl liegt bei 8250 min^{-1}. Seine Leistung von 420 PS liefert das Leichtmetall-Triebwerk und stellt es bei 7800 min^{-1} zur Verfügung. Allradantrieb und Sechsganggschaltgetriebe bildeten die Zutaten für die Kraftübertragung. Das Fahrwerk war zudem mit der Dynamic-Ride-Control aus-

Modell	Audi RS4 B7 (Limousine)
Baujahr	2005 – 2009
Motor	V8
Nockenwelle, Vent./Zyl.	2 obenl./4
Bohrung/Hub (mm)	84,4/92,8
Verdichtung	12,5 : 1
Hubraum (cm^3)	4163
Leistung (PS/min^{-1})	420/7800
Max. Drehm. (Nm/min^{-1})	430/5500
Gemischaufbereitung	elektronische Benzindirekteinspritzung
Kraftübertragung	Sechsgang manuell, Allradantrieb
Radaufhängung vorne	einzeln, Vierlenker, Querl., Stabi.
Radaufhängung hinten	einzeln, Trapezlenker, Stabi.
Bremsen (vo./hi.)'	Scheiben innenbel./Scheiben innenbl.
Länge, Breite, Höhe (mm)	4589/1816/1415
Radstand (mm)	2648
Leergewicht (kg)	1650
Höchstgeschw. (km/h)	250

gestattet. Im Oktober 2007 verlangte Audi für den RS4 71.200 Euro, für den Avant 73.350 und für das Cabrio 85.050 Euro. Bis 2009 entstanden 14.368 RS4 der letzten Generation.

Oben: Audi RS 4 Cabrio.

Unten: Audi RS 4.

Audi A4 B8
(seit 2007)

Im Dezember 2007 stellte Audi die aktuelle Baureihe des A4 vor, der Avant feierte auf dem Genfer Autosalon 2008 seine Premiere. Der A4 basiert auf einer neuen Plattform, die der VW-Konzern für alle künftigen Baureihen mit längs eingebauten Motoren entwickelt hat. Auf der gleichen Plattform entstehen auch die Modelle der Baureihe A5.

Formal rückte der derzeitige A4 enger an den im März 2007 vorgestellten A5. Gegenüber dem B7 ist der B8 gleich um 117 Millimeter gewachsen und erstreckt sich nun über eine Länge von 4703 Millimeter. Auch bei der Breite legte der neue A4 um 54 Millimeter spürbar zu.

Bei den Fahrsicherheitssystemen stellte Audi in Verbindung mit dem aktuellen A4 einen Spurhalteassistenten, einen Spurwechselassistenten und einen Tempomat mit Abstandsregelung vor. Der um 160 Millimeter verlängerte Radstand sorgt für einen spürbar verbesserten Insassenkomfort und durch eine bessere Gewichtsverteilung auf die beiden Achsen für eine ausgezeichnete Fahrdynamik, die zahlreiche Vergleichstests in Fachzeitschriften an die Spitze der Klasse setzten.

Die Motorenpalette präsentiert sich im Vergleich zum Vorgänger übersichtlicher. Die 1,8-Liter TFSi leisten 120 und 160 PS, die beiden aufgeladenen Zweiliter mit Direkteinspritzung 180 und 211 PS. Der 3,2-Liter-V6 bringt es auf 265 PS, das sportliche Spitzenmodell »S4« mit einem Dreiliter-V6 und Kompressor auf 333 PS. Die V8-Motoren sind aus dem Programm gestrichen. Die Vierzylinder-Diesel verfügen alle über einen Hubraum von 1968 cm^3 und leisten 120, 136, 143 und 170 PS, während zwei V6 mit 2698 und 2967 cm^3 Hubraum 190 bzw. 240 PS bereitstellen. Beim B8 sind inzwischen auch hinten die elektrischen Fensterheber serienmäßig. Statt einer klassischen Handbremse kommt eine elektromechanische Parkbremse zum Einsatz.

Modell	Audi A4 B8
Baujahr	seit 2007
Motor 2.7 TDI	V6
Nockenwelle, Vent./Zyl.	2 obenl./4
Bohrung/Hub (mm)	83/83,1
Verdichtung	16,8 : 1
Hubraum (cm^3)	2698
Leistung (PS/min^{-1})	190/3500
Max. Drehm. (Nm/min^{-1})	400/1400 - 3250
Gemischaufbereitung	Direkteinspritzung, Commonrail
Kraftübertragung	Sechsgang, manuell
Radaufhängung vorne	einzeln, Fünflenker
Radaufhängung hinten	einzeln, Trapezlenker
Bremsen (vo./hi.)	Scheiben innenbel./ Scheiben
Länge, Breite, Höhe (mm)	4703/1826/1427
Radstand (mm)	2808
Leergewicht (kg)	1570
Höchstgeschw. (km/h)	239

Oben: Audi A4 aktuell.

Unten: Audi A4 Avant.

Audi 90 B2
(1984 – 1986)

Bereits beim F103 hatte Audi der Topversion die Bezeichnung (Super) 90 verliehen. Um bei der zweiten Generation des Audi 80 (1978 – 1986) die gehobenen Varianten ab 1984 deutlicher abzugrenzen, führten die Ingolstädter die Bezeichnung wieder ein. Zwischen den Modellen des Audi 80 und des erheblich größeren Audi 100 (C3) hatte sich eine Lücke aufgetan, die Audi im Rahmen der letzten Modellpflege beim B2 nutzen wollte, die gehobenen Versionen der Baureihe näher an die neue C-Klasse von Mercedes und die Dreierreihe von BMW zu rücken. Neben Karosserieteilen, die vom Audi Coupé GT stammten, unterschied sich der Audi 90 nur in der verbesserten Ausstattung und den stärkeren Motoren vom 80, dessen Karosseriemaße und technische Basis unverändert blieben.

Für den Audi 90 waren ausschließlich Fünfzylindermotoren erhältlich und als Option der Allradantrieb quattro. Mit 1994 cm^3 lieferte der Motor 115 bzw. 113 PS mit einem ungeregelten Katalysator. Mit 2226 cm^3 standen 115 PS (G-Kat) und 136 PS zur Verfügung. Bei dieser Version sank die Leistung mit geregeltem Katalysator auf 120 PS. Um auch die Dieselkunden mit dem gehobenen Audi 90 bedienen zu können, stand noch ein 1,6-Liter mit 70 PS zur Auswahl. Mit 136 PS erreichte der Audi 90 als einziger Vertreter der B2-Baureihe eine Höchstgeschwindigkeit von 200 km/h.

Modell	Audi 90 B2
Baujahr	1984 – 1986
Motor 2.2	5-Zyl. Reihe
Nockenwelle, Vent./Zyl.	1 obenl./2
Bohrung/Hub (mm)	81/86,4
Verdichtung	10,0 : 1
Hubraum (cm^3)	2226
Leistung (PS/min^{-1})	136/5700
Max. Drehm. (Nm/min^{-1})	182/3500
Gemischaufbereitung	elektr. Einspritzung
Kraftübertragung	Fünfgang, manuell, Allrad
Radaufhängung vorne	einzeln, McPherson, Querl., Stabi.
Radaufhängung hinten	einzeln, McPherson, Querl., Stabi.
Bremsen (vo./hi.)	Scheiben/Scheiben
Länge, Breite, Höhe (mm)	4465/1682/1376
Radstand (mm)	2525
Leergewicht (kg)	1246
Höchstgeschw. (km/h)	206

Audi 90, 1. Generation.

Audi 90 B3
(1987 - 1991)

Modell	Audi 90 B3
Baujahr	1987 – 1991
Motor 20V	5-Zyl. Reihe
Nockenwelle, Vent./Zyl.	2 obenl./4
Bohrung/Hub (mm)	82,5/86,4
Verdichtung	10,3 : 1
Hubraum (cm^3)	2309
Leistung (PS/min^{-1})	170/6000
Max. Drehm. (Nm/min^{-1})	212/4500
Gemischaufbereitung	elektr. Einspritzung
Kraftübertragung	Fünfgang, manuell, Allrad
Radaufhängung vorne	einzeln, McPherson, Querl., Stabi.
Radaufhängung hinten	einzeln, Verbundlenkerachse
Bremsen (vo./hi.)	Scheiben/Scheiben
Länge, Breite, Höhe (mm)	4403/1695/1371
Radstand (mm)	2546
Leergewicht (kg)	1300
Höchstgeschw. (km/h)	220

Der Erfolg der 90er-Version beim B2 ermutigte Audi, auch beim Nachfolger ab 1987 die Topversionen unter der eigenständigen Modellbezeichnung 90 anzubieten.

Äußerlich blieben Form und Außenmaße des Audi 80 B3 unverändert. Dazu gehörte die charakteristische, aerodynamisch optimierte Form und die verzinkte Karosserie. Wie beim Vorgänger beschränkten sich die Unterschiede auf eine verbesserte Ausstattung, ein hochwertigeres Interieur und leistungsstärkere Motoren. Zu den beiden Fünfzylindern des Vorgängers mit 115 und 136 PS gesellten sich 1988 jeweils zwei Versionen mit identischem Hubraum, aber Vierventiltechnik, die 160 (ohne Kat) und 170 PS leisteten. Damit konnte der Audi 90 2.3 20V eine Höchstgeschwindigkeit von 220 km/h erreichen. Die meisten Modelle des Audi 90 B3 bestellten die Kunden mit dem Allradantrieb quattro.

Nach dem Wechsel vom B3 zum B4 beim Audi 80 verabschiedete sich Audi von zwei Modellbezeichnungen innerhalb einer Baureihe. Eine Klasse höher fiel nach dem Produktionsende des 100 (C3) auch die Modellbezeichnung 200 für die gehobenen, leistungsstärkeren Versionen des Audi 100 weg.

Audi 90 quattro 1987.

Audi 100 C1
(1968 – 1976)

Modell	Audi 100 C1
Baujahr	1968 – 1976
Motor 1.8	4-Zyl. Reihe
Nockenwelle, Vent./Zyl.	1 obenl./2
Bohrung/Hub (mm)	81,5/84,4
Verdichtung	10,0 : 1
Hubraum (cm^3)	1760
Leistung (PS/min^{-1})	80/5000
Max. Drehm. (Nm/min^{-1})	140/3000
Gemischaufbereitung	Vergaser
Kraftübertragung	Viergang, manuell
Radaufhängung vorne	einzeln, dop. Dreiecksquerl.
Radaufhängung hinten	starre Kurbellenkerachse
Bremsen (vo./hi.)	Scheiben/Trommel
Länge, Breite, Höhe (mm)	4610/1729/1421
Radstand (mm)	2675
Leergewicht (kg)	1050
Höchstgeschw. (km/h)	158

Bei der Übernahme der maroden »Auto Union GmbH« durch Volkswagen 1965 lag der Fokus von VW Chef Heinrich Nordhoff (1899 – 1968) zuerst auf dem Montagewerk in Ingolstadt, das er nutzen wollte, um die immer noch gewaltige Nachfrage nach dem Käfer zu befriedigen.
Der Erfolg des F 103 in der Mittelklasse konnte den VW-Patriarchen vorerst nicht überzeugen, mit zusätzlichen Modellen unter dem neuen Markennamen Audi in die Mittelklasse weiter vorzudringen.
Audi Technikchef Ludwig Kraus (1911 – 1997), der von Mercedes gekommen war, war wiederum nicht von der Zukunft des Käfers überzeugt und entwickelte ohne Kenntnis seiner Konzernverantwortlichen in seiner Freizeit und nach Feierabend eine 4610 Millimeter lange Limousine der Mittelklasse, den Audi 100. Das neue Topmodell von Audi war jedoch nicht nur das einzige, heimlich entwickelte Großserienfahrzeug der deutschen Autogeschichte, Kraus setzte bei seiner Arbeit zum ersten Mal computergestützte Berechnungen für die Karosseriestruktur ein. Erst das fertige Auto überzeugte Nordhoff, sodass der Audi 100 1968 zuerst als Viertürer, ab Oktober 1969 auch als Dreitürer in Serie gehen konnte.
Als Antrieb für den Audi 100 dienten Ableger des für den F 103 entwickelten Mitteldruckmotors mit einer untenliegenden, über Kette angetriebenen Steuerkette. Die Vierzylinder mit 1760, 1871, 1588 cm^3 Hubraum leisteten zwischen 80 und 115 PS.
Der Audi 100 C1 wurde unmittelbar nach seiner Vorstellung, bei der das Basismodell 11.050 Mark kostete, ein Erfolg. Die moderne Limousine erhielt 1974 eine gründliche Überarbeitung, die ihr kantigere Formen und eine Hinterachse mit Schraubenfedern statt Drehstabfederung bescherte. Statt der ursprünglich

geplanten einmaligen Auflage von 100.000 Exemplaren baute Audi schließlich 827.474 Fahrzeuge, einschließlich des ab Herbst 1970 verfügbaren Coupés.

Oben: Audi 100 C1 Coupé.

Unten: Audi 100 Limousine.

Audi 100 C2
(1976 - 1982)

Der Erfolg des ab 1971 in Ingoldstadt produzierten Audi 100 C1 ließ keinen Zweifel daran aufkommen, dass es für die große Limousine von Audi einen modernen Nachfolger geben würde.

Das im August 1976 eingeführte Modell trug bereits deutlich die Handschrift des seit 1973 bei Audi als Chefentwickler aktiven Ferdinand Piech, der die Nachfolge von Ludwig Kraus übernommen hatte.

Die auf 4695 Millimeter Länge gewachsene Limousine trug eine geradlinige, schnörkellose Karosserieform mit guter Aerodynamik, inspiriert vom Ro 80. Bei der Entwicklung kam konsequenter Leichtbau zum Tragen, sodass ein Leergewicht von 1100 Kilo erzielt werden konnte. Neben der viertürigen Stufenhecklimousine entstand auch eine Karosserievariante mit Schrägheck und großer Heckklappe, die die Bezeichnung »Avant« bei Audi etablierte.

Der im Vergleich zum C1 größere C2 sollte auch sportlicher auftreten und den Sechszylindern Paroli bieten, mit denen Mercedes und BMW, aber auch Opel und Ford in der gehobenen Mittelklasse antraten. Da ein V6 bei den vor der Vorderachse platzierten Audimotoren das Fahrzeug zu kopflastig gemacht hätte, ließ Ferdinand Piech eine ganz neue Motorengeneration entwickeln, die Leistung und Komfort eines Sechszylinders mit dem Gewicht und den Verbrauchsvorteilen eines Vierzylinders verbinden sollte.

Die neuen Fünfzylinder im C2 kombinierten einen unverwechselbaren, sonoren Klang mit ansprechender Leistung, die in drei Stufen mit 100, 115 und 136 PS zur Verfügung standen. Darüber hinaus standen zwei Vierzylinder für den C2 mit 85 und 115 PS zur Auswahl und zwei Fünfzylinderdiesel mit 1986 cm^3 Hubraum, die als Sauger 70, mit Turboauflading 87 PS leisteten.

Zum Modelljahr 1980 erhielt der Audi 100 eine neue Front mit größeren Scheinwerfern und einen neuen Innenraum. 1977 verwarf Audi nach einem umfangreichen Flottenversuch das Projekt, den Audi 100 auch mit einem 180 PS starken Kreiskolbenmotor auszu-

statten. Im gleichen Jahr erschien auch eine zweitürige Variante, die kaum auf Nachfrage stieß.
1982 endete die Produktion nach 902.000 Einheiten. In den USA war der C2 zwischen 1978 und 1983 als Audi 5000 auf dem Markt. Im Gegensatz zum Vorgänger gab es auf Basis des C2 kein Coupé mehr.

Modell	Audi 100 C2
Baujahr	1976 – 1982
Motor	5-Zyl. Reihe
Nockenwelle, Vent./Zyl.	1 obenl./2
Bohrung/Hub (mm)	79,5/77,4
Verdichtung	10,0 : 1
Hubraum (cm^3)	1921
Leistung (PS/min^{-1})	100/4800
Max. Drehm. (Nm/min^{-1})	132/2800
Gemischaufbereitung	Fallstromvergaser
Kraftübertragung	Viergang, manuell
Radaufhängung vorne	einzeln, McPherson, Querl., Stabi.
Radaufhängung hinten	einzeln, Torsionskurbelachse
Bremsen (vo./hi.)	Scheiben/Trommel
Länge, Breite, Höhe (mm)	4695/1768/1390
Radstand (mm)	2677
Leergewicht (kg)	1210
Höchstgeschw. (km/h)	170

Audi 100 GL, 1977.

Audi 100 C3
(1982 - 1991)

1981 stellt Audi auf der Internationalen Automobilausstellung in Frankfurt ein Forschungsfahrzeug vor, das den Weg der dritten Generation des Audi 100 vorgab, die ein Jahr später auf den Markt kam. Die Form zeichnete sich mit dem Prädikat »strömungsgünstigste Serienkarosserie der Welt« aus. Der cW-Wert von 0,30 war für seine Zeit sensationell und ermöglichte hervorragende Verbrauchswerte. Der C3 wurde stilbildend für das gesamte Autodesign des späten 20. Jahrhunderts. Allerdings sorgten die schräg stehenden Fensterflächen für starke Erwärmung bei Sonneneinstrahlung.
Ein weiteres Novum beim Audi 100 C3 war die ab September 1985 eingeführte vollverzinkte Karosserie. 1990 profilierte sich die Baureihe einmal mehr als Pionier, weil mit dem 2.5 TDI der erste direkteinspritzende Diesel mit 120 PS Leistung in einem deutschen Pkw eingeführt wurde, der einen sensationell niedrigen Kraftstoffverbrauch mit Praxiswerten zwischen sechs und sieben Litern auf 100 Kilometer ermöglichte.

Beim Antrieb kamen überwiegen die Motoren des Vorgängers zum Einsatz, die ab Mitte der Achtziger zunehmend auch mit Katalysatoren angeboten wurden. Das Spitzenmodell mit aufgeladenem Fünfzylinder leistete 165 PS. Neben dem serienmäßigen Frontantrieb bot Audi die Versionen mit Fünfzylindermotoren ab November 1984 auch in Verbindung mit dem Allradantrieb quattro an.
Als zweite Karosserievariante führte Audi beim C3 ebenfalls den Avant ein. Der Fünftürer mit Schrägheck bot zwar mehr Laderaum im Heck, war jedoch kein klassischer Kombi.

Oben: Audi 100 C3.

Links unten: Audi 100 Avant, 1. Generation.

Unten: Audi 100 Avant, 1987.

Modell	Audi 100 C3
Baujahr	1982 – 1991
Motor	4-Zyl. Reihe
Nockenwelle, Vent./Zyl.	1 obenl./2
Bohrung/Hub (mm)	81/86,4
Verdichtung	8,79 : 1
Hubraum (cm^3)	1781
Leistung (PS/min^{-1})	75/4600
Max. Drehm. (Nm/min^{-1})	135/2500
Gemischaufbereitung	Fallstromvergaser
Kraftübertragung	Viergang, manuell
Radaufhängung vorne	einzeln, McPherson, Querl., Stabi.
Radaufhängung hinten	einzeln, Torsionskurbelachse
Bremsen (vo./hi.)	Scheiben/Trommel
Länge, Breite, Höhe (mm)	4792/1814/1422
Radstand (mm)	2687
Leergewicht (kg)	1130
Höchstgeschw. (km/h)	165

Audi 100 C4
(1990 - 1994)

Ende 1990 war es Zeit für einen Nachfolger des C3. Der neue Audi 100 streckte sich als viertürige Limousine auf 4792 Millimeter Länge und bot eine gefällige Karosserielinie, die mit weniger geneigten Seitenflächen der Sonneneinstrahlung nicht mehr so starken Vorschub leistete.

Der Audi 100 hatte sich nunmehr als gleichwertige Alternative zur Fünferreihe von BMW und zur E-Klasse von Mercedes etabliert – quasi als dritte Kraft im Premiumsegment der gehobenen Mittelklasse – und traditionelle Wettbewerber wie Opel Omega und Ford Scorpio abgehängt.

Dieser Entwicklung trug Audi beim Motorenangebot des C4 Rechnung, bei dem erstmals auch V6-Triebwerke zum Einsatz kamen. Aus 2771 cm^3 entwickelte der Sechszylinder 174 PS, der im März 1992 eingeführte V6 mit 2598 cm^3 leistete 140 PS.

Für die sportlichen Spitzenmodelle S4 standen zwischen 1991 und 1994 ein aufgeladener Fünfzylinder mit 230 PS und ein 4,2-Liter-V8 mit 280 PS zur Auswahl. Beide Modelle verfügten serienmäßig über den Allradantrieb quattro, der für andere Motorvarianten optional erhältlich war. Die zweite Karosserievariante des C4 bildete wieder der Avant, der nun als vollwertiger Kombi ausgeführt war.

Modell	Audi 100 C4
Baujahr	1990 – 1994
Motor 2.0 E	4-Zyl. Reihe
Nockenwelle, Vent./Zyl.	1 obenl./2
Bohrung/Hub (mm)	82,5/92,8
Verdichtung	10,3 : 1
Hubraum (cm^3)	1984
Leistung (PS/min^{-1})	115/5400
Max. Drehm. (Nm/min^{-1})	165/3200
Gemischaufbereitung	elektronische Benzineinspritzung
Kraftübertragung	Fünfgang, manuell
Radaufhängung vorne	einzeln, McPherson, Querl., Stabi.
Radaufhängung hinten	einzeln, Torsionskurbelachse
Bremsen (vo./hi.)	Scheiben/Trommel
Länge, Breite, Höhe (mm)	4790/1777/1429
Radstand (mm)	2687
Leergewicht (kg)	1370
Höchstgeschw. (km/h)	184

Audi A6 C4
(1994 - 1997)

Mit der gründlichen Modellpflege für den C4 vollzog Audi den Wechsel zur neuen Modellbezeichnung A6 für die Baureihe der gehobenen Mittelklasse. Somit handelte es sich beim A6 C4 weniger um eine Neuentwicklung als um eine gründlich überarbeitete Version des Audi 100 C4.
Die Front erhielt eine neue Optik mit chromumrandetem Grill, der in die Haube integriert wurde. Die neuen Stoßfänger ohne Kunststoffleiste und die Seitenplanken der Türe waren nun in Wagenfarbe lackiert, ebenso die Seitenspiegel für alle Modellvarianten. Der Innenraum wurde überarbeitet und mit neuen, tieferen Sitzen und massiven Kopfstützen ausgestattet. Zur serienmäßigen Ausstattung gehörten nun auch Airbags für Fahrer und Beifahrer.
Die Vier-, Fünf, Sechs- und Achtzylinder-Benzinmotoren spannten das Leistungsangebot von 101 bis zu 328 PS beim im letzten Baujahr angebotenen Topmodell »S6 Plus«. Die Dieselmotoren leisteten 90, 115 und 140 PS.

Modell	Audi A6 C4
Baujahr	1994 – 1997
Motor 2.8	V6
Nockenwelle, Vent./Zyl.	1 obenl./2
Bohrung/Hub (mm)	82,5/86,4
Verdichtung	10,3 : 1
Hubraum (cm^3)	2771
Leistung (PS/min^{-1})	174/5500
Max. Drehm. (Nm/min^{-1})	245/3000
Gemischaufbereitung	elektronische Einspritzung
Kraftübertragung	Fünfgang, manuell
Radaufhängung vorne	einzeln, McPherson
Radaufhängung hinten	einzeln, Torsionskurbelachse, Längslenker
Bremsen (vo./hi.)	Scheiben innenbel./Scheiben
Länge, Breite, Höhe (mm)	4799/1777/1451
Radstand (mm)	2760
Leergewicht (kg)	1370
Höchstgeschw. (km/h)	219

Neben der Limousine wurde auch der Kombi Avant als A6 mit den gleichen Modellpflegemaßnahmen weiter gebaut. Dabei erfreute sich der Avant immer größerer Beliebtheit und löste zum Ende der Produktion die Limousine bei der Kundennachfrage ab.

Audi S6 C4
(1994 - 1997)

Als Audi in den frühen Neunzigern begonnen hatte, seine sportliche »S«-Klasse an der Spitze der einzelnen Baureihen zu etablieren, herrschte noch Verwirrung bei den Bezeichnungen. So war das Typenschild »S4« bis 1994 dem sportlichen Topmodell des Audi 100 vorbehalten. Erst als die Baureihe 1994 die neue Bezeichnung A6 erhielt, präsentierten die Ingolstädter den Spitzensportler der Reihe als S6. Audi bot den S4/S6 als Limousine und Kombi an. Die Reihe war zudem die einzige, bei der der Kunde unter dem Sportabzeichen »S« zwei Motoren wählen konnte. Zur Auswahl stand der aufgeladene Fünfzylinder mit 2,3 Liter Hubraum und 230 PS sowie der V4 mit 4,2 Liter Hubraum, der 290 PS lieferte. Beide Varianten verfügten selbstverständlich über Allradantrieb.

Der Fünfzylinder war serienmäßig mit einem manuellen Fünfganggetriebe ausgestattet. Gegen Aufpreis gab es ein Sechsganggetriebe oder eine Vierstufenautomatik. Der V8 erhielt serienmäßig die Sechsgang-Schaltbox und die Vierstufenautomatik als Option. Die äußerlich nur dezent modifizierten Modelle waren hauptsächlich an ihren speziellen 16-Zoll-Leichtmetallrädern zu identifizieren. 1996 ergänzte die quattro GmbH die Baureihe mit dem S6 Plus. Der ebenfalls als Limousine und Avant verfügbare S6 Plus zeichnete sich durch einen auf 324 PS Leistung gesteigerten V8 aus.

Modell	Audi S6 C4 (Limousine)
Baujahr	1994 – 1997
Motor	V8
Nockenwelle, Vent./Zyl.	2 obenl./4
Bohrung/Hub (mm)	84,5/93
Verdichtung	10,8: 1
Hubraum (cm^3)	4172
Leistung (PS/min^{-1})	290/5800
Max. Drehm. (Nm/min^{-1})	400/4000
Gemischaufbereitung	elektronische Benzineinspritzung
Kraftübertragung	Sechsgang manuell, Allradantrieb
Radaufhängung vorne	einzeln, McPherson, Querl., Stabi.
Radaufhängung hinten	einzeln, Trapezlenker, Stabi.
Bremsen (vo./hi.)	Scheiben innenbel./ Scheiben innenbl.
Länge, Breite, Höhe (mm)	4797/1804/1430
Radstand (mm)	2692
Leergewicht (kg)	1695
Höchstgeschw. (km/h)	250

Audi S6 C4.

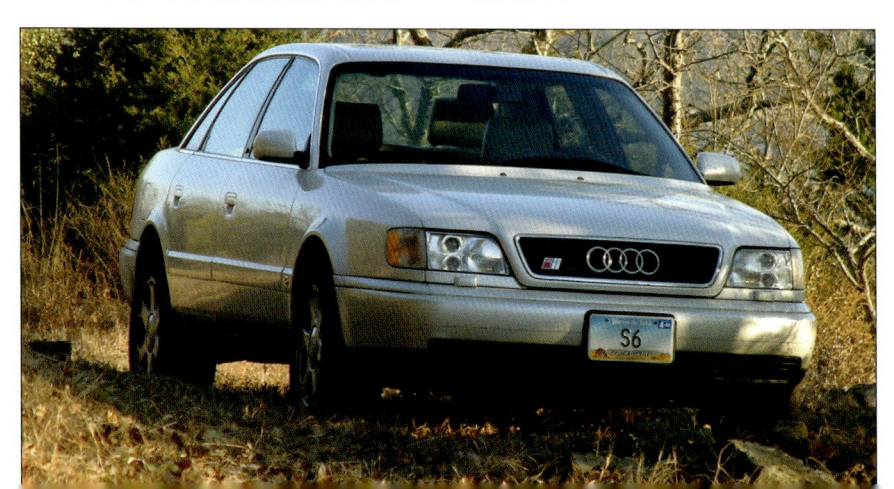

Audi A6 C5
(1997 - 2004)

Mit der fünften Generation seiner gehobenen Mittelklasse trat Audi erstmals im Januar 1997 an die Öffentlichkeit. Die Limousine kratzte mit 4796 Millimeter Länge an der Marke von 4,8 Metern.

Um auch weiterhin dem Ruf als technischer Vorreiter gerecht zu werden, bot Audi ab 1999 im C5 als erstes Fahrzeug eine neue Kraftübertragung an. Die »Multitronic« bot eine stufenlose Übersetzung nach dem Prinzip der vom holländischen Hersteller DAF erstmals 1961 beim DAF 30 (»Daffodil«) eingeführten »Variomatic«. Ford setzte das CVT-Getriebe (CVT = Continously Variable Transmission) beim Kleinwagen Fiesta, Fiat beim Punto ein. Bei der Multitronic von Audi konnte das Prinzip erstmals bis 300 Newtonmeter maximales Drehmoment genutzt werden (inzwischen sind 400 Newtonmeter möglich). In Verbindung mit einer adaptiven Kennfeldsteuerung sorgt die Kraftübertragung bei einem Übersetzungsverhältnis von 6 : 1 (4:1/5:1 beim konventionellen Getriebe) stets für das höchste Drehmoment im wirtschaftlichsten Drehbereich. Die Multitronic kann jedoch nur bei Fahrzeugen mit Frontantrieb eingesetzt werden.

Den Avant des C5 stellte Audi im März 1998 vor. Der Kombi erreichte schnell einen Anteil von rund 70 Prozent. Mit sportlichen Varianten wie dem S6 erhielt die Baureihe schnell ihre traditionellen Topmodelle.

2001 erfolgte eine Modellpflege beim C5 mit geringen Veränderungen an der Optik und vor allem neuen Motoren.

Bei den Motoren des C5 fanden sich keine Fünfzylinder mehr. Nach der Modellpflege bildete ein Zweiliter-Vierzylinder mit 130 PS die Einstiegsmotorisierung. Darüber rangierte ein aufgeladener 1,8-Liter mit 150 PS. Die Sechszylinder leisteten 136, 170, 220 und 250 PS, während ein 4,2-Liter-V8 mit 300 PS Spitzenmotorisierung markierte. Darüber rangierten die sportlichen Modelle S6 mit 340 PS starkem V8 und ab 1992 der RS6 mit aufgeladenem V8 und 450 PS, sowie schließlich der RS6 plus mit 480 PS. Bei den Diesel bot Audi für den A6 C5 ab 2001 einen 1,9-Liter TDI mit Pumpedüse-Einspritzung und 130 PS an, sowie zwei Sechszylinder mit 163 und 180 PS.

Audi A6 Avant.

Audi A6 C5.

Modell	Audi A6 C5
Baujahr	1997 – 2004
Motor 4.2	V8
Nockenwelle, Vent./Zyl.	2 obenl./5
Bohrung/Hub (mm)	84,5/93,0
Verdichtung	11,0 : 1
Hubraum (cm^3)	4172
Leistung (PS/min^{-1})	300/6200
Max. Drehm. (Nm/min^{-1})	400/3000 - 4000
Gemischaufbereitung	elektronische Einspritzung
Kraftübertragung	Fünfgang, sequentiell, permanenter Allradantrieb
Radaufhängung vorne	einzeln, Vierlenker
Radaufhängung hinten	einzeln, Doppelquerlenker
Bremsen (vo./hi.)	Scheiben innenbel./Scheiben
Länge, Breite, Höhe (mm)	4833/1850/1453
Radstand (mm)	2759
Leergewicht (kg)	1750
Höchstgeschw. (km/h)	250 (abgeregelt)

Audi RS6 C5
(2002 - 2004)

Verbreiterte Kotflügel und Seitenschweller, ovale Endrohre, matt polierte Seitenspiegel, Leichtmetallräder mit 19 Zoll Durchmesser, der sportlicheste und stärkste Audi des Jahrgangs 2002 zeigte schon rein äußerlich, dass hier gehobene Mittelklasse und Hochleistungssportwagen eine kongeniale Verbindung eingehen durften. Der erste RS6 entstand unter Regie der quattro GmbH, wahlweise als Limousine oder Avant. Um dem M5 von BMW angemessen begegnen zu können, der 1998 mit einem 400 PS starken V8 vorgestellt worden war, erhielt der RS6 den bewährten V8 mit 4,2 Liter Hubraum, der als Sauger im S8 360 PS leistete, den ein doppelter Turbolader mit Ladeluftkühlung auf 450 PS brachte. Für die Kraftübertragung war eine Fünfgang-Tiptronic zuständig. In der zweijährigen Bauzeit entstanden insgesamt 8081 Exemplare des RS6. Die Einstellung der Produktion erfolgte, nachdem der Vorrat an Rohkarossen aufgebraucht war. Ausschließlich als Avant entstand der RS6 Plus, der noch einmal leistungsgesteigert mit 480 PS antrat. Als limitiertes Modell mit einer Auflage von 999 Exemplaren geplant, entstanden vom RS6 Plus letztendlich nur 650 Exemplare.

Rechts: Audi RS6 Avant.

Unten: Audi RS6.

Modell	Audi RS6 C5 (Limousine)
Baujahr	2002 – 2004
Motor	V8, Biturboaufladung
Nockenwelle, Vent./Zyl.	2 obenl./5
Bohrung/Hub (mm)	84,5/93
Verdichtung	9,3 : 1
Hubraum (cm^3)	4172
Leistung (PS/min^{-1})	450/5700
Max. Drehm. (Nm/min^{-1})	560/1950 - 5500
Gemischaufbereitung	elektronische Benzineinspritzung
Kraftübertragung	Fünfgang Aut. (Tiptronic), Allradantrieb
Radaufhängung vorne	einzeln, Vierlenker, Stabi.
Radaufhängung hinten	einzeln, Trapezlenker, Stabi.
Bremsen (vo./hi.)	Scheiben innenbel./ Scheiben innenbl.
Länge, Breite, Höhe (mm)	4582/1850/1425
Radstand (mm)	2759
Leergewicht (kg)	1840
Höchstgeschw. (km/h)	250

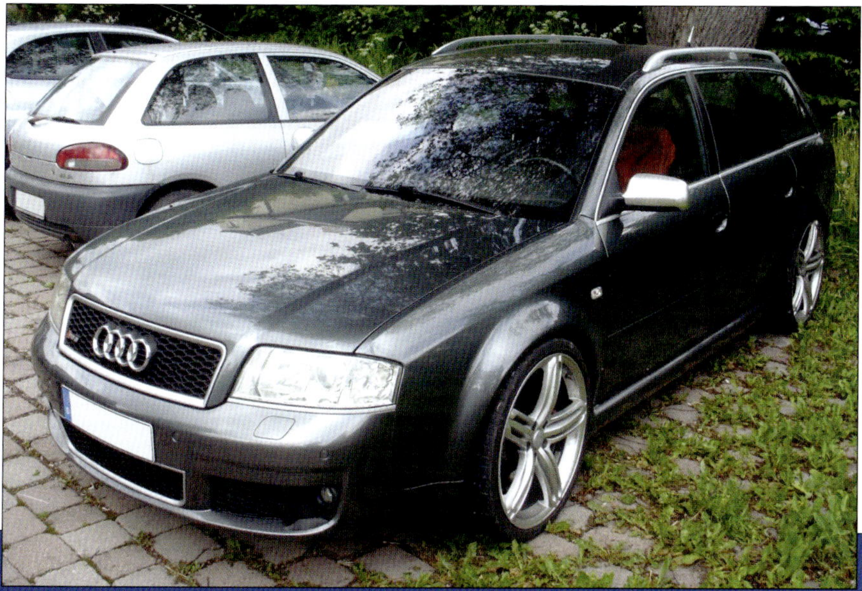

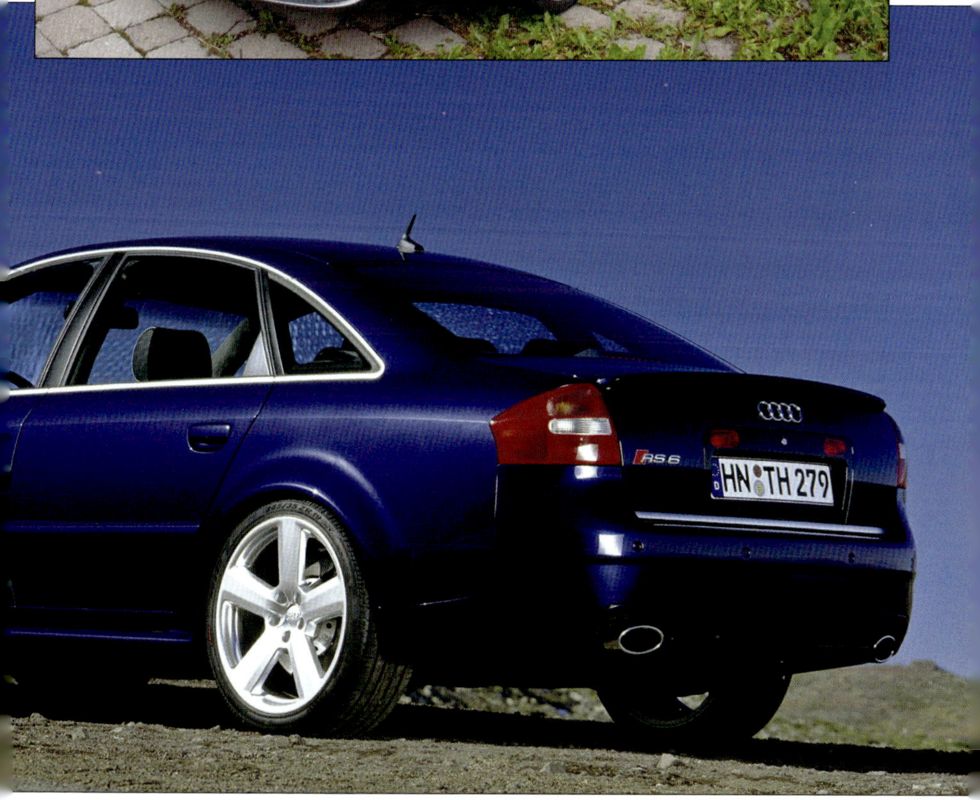
RS 6
HN TH 279

Audi A6 C6
(seit 2005)

Audi stellte die Limousine des aktuellen A6 im April 2004 vor, ein knappes Jahr später, im März 2005, folgte der Kombi Avant. Das Premiumsegment der gehobenen Mittelklasse macht der A6 inzwischen mit der E-Klasse von Mercedes und dem Fünfer von BMW weltweit unter sich aus. Mit 4930 Millimeter Länge stößt der A6 in Dimensionen vor, die die des V8 von 1988 als Audis Einstieg in die Oberklasse um fast zehn Zentimeter überragen. Das Gesicht des A6 trägt inzwischen den ausgeprägten Singleframe-Kühlergrill. Mit einem cW-Wert von 0,29 für die Limousine und 0,31 für den Avant weist der A6 noch immer eine vorbildliche Aerodynamik mit einem optimierten Unterboden auf. Um ein Leergewicht von 1520 Kilo in der Basisversion realisieren zu können, sind Hauben, Kotflügel und Verstärkungen der Karosseriestruktur aus Leichtmetall gefertigt. 546 Liter Stauraum für das Gepäckabteil bilden einen Höchstwert in der Klasse,

der Avant fasst zwischen 565 und 1.660 Liter in seinem Heck.
Das Motorenangebot für den aktuellen A6 umfasst fünf Benziner und vier Diesel mit vier, sechs und acht Zylindern. Der aufgeladene Zweiliter mit Direkteinspritzung mobilisiert 170 PS. Die V6 verfügen über variable Einlassnockenwellen und leisten 190 und 220 PS. Beim 3.0 TFSI feiert der mechanische Kompressor seine Renaissance, der in Verbindung mit Benzindirekteinspritzung 290 PS mobilisiert. Darüber rangiert der 4,2-Liter-V8 mit Benzindirekteinspritzung und 350 PS. Die beiden Vierzylinder-Diesel leisten seit der Modellpflege 2008 136 und 170 PS, die V6 190 und 240 PS. Die Kraftübertragung besorgen beim aktuellen A6 serienmäßig Sechsgang-Schaltgetriebe. Optional ist die stufenlose Multitronic sowie für die Quattro-Versionen eine sechsstufige »Tiptronic« im Angebot.

Modell	Audi A6 C6
Baujahr	seit 2005
Motor 2.0 TDI	Reihenvierzylinder
Nockenwelle, Vent./Zyl.	2 obenl./4
Bohrung/Hub (mm)	81,0/95,5
Verdichtung	18,0 : 1
Hubraum (cm^3)	1968
Leistung (PS/min^{-1})	170/4200
Max. Drehm. (Nm/min^{-1})	350/1750 - 2500
Gemischaufbereitung	Direkteinspritzung, Commonrail
Kraftübertragung	Sechsgang, manuell
Radaufhängung vorne	einzeln, Vierlenker
Radaufhängung hinten	einzeln, Trapezlenker
Bremsen (vo./hi.)	Scheiben innenbel./Scheiben
Länge, Breite, Höhe (mm)	4927/1855/1459
Radstand (mm)	2843
Leergewicht (kg)	1565
Höchstgeschw. (km/h)	225

Oben: Audi A6 Avant.

Rechts: Audi A6.

Linke Seite oben: Audi A6 C6.

Linke Seite unten: Audi S6, 2010.

Audi RS6 C6 Limousine.

Audi RS6 C6
(seit 2008)

Die zweite Generation des RS6 stellte Audi 2008 vor. Einmal mehr markiert das Modell unangefochten die Spitze des Leistungsangebots der Ingolstädter. Mit 580 PS ist der amtierende RS6 nicht nur der stärkste Audi aller Zeiten, er distanziert bei der Leistung auch deutlich den R8 V10, der 520 PS bereitstellt. Der zweite RS6 setzt konsequent das erfolgreiche Konzept der Baureihe fort. Im alltagstauglichen Gewand von Limousine oder Kombi der gehobenen Mittelklasse schlummert ein

Hochleistungsmotor, Allradantrieb und das zeitgemäße Spektrum aller fahrdynamischen Regelsysteme.

Der Motor ist eine Weiterentwicklung des V10, wie er aus S6, S8 oder R8 bekannt ist. Für den RS6 erhielt der Leichtmetallmotor einen Hubraum von 4991 cm3. Mit vier Ventilen pro Zylinder, Biturboaufladung und Direkteinspritzung leistet er 580 PS und liefert ein maximales Drehmoment bereits ab 1500 min^{-1}.

Für die Kraftübertragung ist eine sechsstufige Tiptronic mit einem dynamischen Schaltprogramm zuständig.

Die deutlich akzentuierte Kotflügelverbreiterung soll Erinnerungen an den Urquattro wecken. Darüber hinaus zeichnet sich der RS6 äußerlich durch die obligatorischen, polierten Außenspiegel und Räder mit 20 Zoll Durchmesser aus. Zum Ende der Produktion kündigt Audi eine limitierte Serie von 500 RS Plus-Modellen an.

Modell	Audi RS6 C6 (Limousine)
Baujahr	seit 2008
Motor	V10, Biturboaufladung
Nockenwelle, Vent./Zyl.	2 obenl./4
Bohrung/Hub (mm)	84,5/89
Verdichtung	10,5 : 1
Hubraum (cm^3)	4991
Leistung (PS/min^{-1})	580/6250
Max. Drehm. (Nm/min^{-1})	650/1500
Gemischaufbereitung	Benzin-direkteinspritzung
Kraftübertragung	Sechsgang aut. (Tiptronic), Allradantrieb
Radaufhängung vorne	einzeln, Vierlenker, Querl., Stabi.
Radaufhängung hinten	einzeln, Trapezlenker, Stabi.
Bremsen (vo./hi.)	Scheiben innenbel./ Scheiben innenbl.
Länge, Breite, Höhe (mm)	4928/1889/1460
Radstand (mm)	2847
Leergewicht (kg)	2100
Höchstgeschw. (km/h)	250

Audi RS6 C6 Avant.

Audi 200 C2
(1979 - 1982)

Um eine weitere Spreizung des Modellangebots generieren zu können, hatte Audi bereits die Topmodelle der 80er-Reihe als Audi 90 vermarktet. Ab 1979 sollte das gleiche Prinzip auch beim 100 funktionieren, dessen sportliche und besser motorisierte Varianten nun als Audi 200 firmierten. Während der 2,1-Liter-Fünfzylinder mit Einspritzung beim 100 die Topmotorisierung bildete, durfte er mit seinem 136 PS beim Audi 200 als Basisantrieb fungieren. Darüber rangierte der 200 5T mit aufgeladenem Fünfzylinder und 170 PS. Eine weitere Version mit Wankelmotoren und 180 PS, die den 200 noch sportlicher repräsentieren sollte, kam nie auf die Straße. Während der 100 in vier Ausstattungslinien zur Auswahl stand, gab es den 200 in der »CD«-Version. Äußerlich unterschied sich der 200 unter anderem durch breitere, tiefere, seitliche Zierleisten, größere Stoßfänger und die rechteckigen

Audi 200 C2.

Modell	Audi 200 C2
Baujahr	1979 – 1981
Motor 5T	5-Zyl. Reihe
Nockenwelle, Vent./Zyl.	1 obenl./2
Bohrung/Hub (mm)	79,5/86,4
Verdichtung	7,0 : 1
Hubraum (cm^3)	2144
Leistung (PS/min^{-1})	170/5300
Max. Drehm. (Nm/min^{-1})	201/3300
Gemischaufbereitung	mech. Einspritzung K-Jetronic, Turbo
Kraftübertragung	Fünfgang, manuell
Radaufhängung vorne	einzeln, McPherson, Querl., Stabi.
Radaufhängung hinten	einzeln, Verbundlenker
Bremsen (vo./hi.)	Scheiben/Scheiben
Länge, Breite, Höhe (mm)	4694/1768/1390
Radstand (mm)	2676
Leergewicht (kg)	1260
Höchstgeschw. (km/h)	203

Doppelscheinwerfer, die sich später auch beim Urquattro als prägendes Element wieder fanden. Der Turbo verfügte zudem serienmäßig über Leichtmetallfelgen von Ronal und Scheibenbremsen an der Hinterachse.

Audi 200 C3
(1983 - 1991)

Modell	Audi 200 C3
Baujahr	1982 – 1990
Motor 20 V	5-Zyl. Reihe
Nockenwelle, Vent./Zyl.	2 obenl./4
Bohrung/Hub (mm)	81/86,4
Verdichtung	9,3 : 1
Hubraum (cm^3)	2226
Leistung (PS/min^{-1})	220/5700
Max. Drehm. (Nm/min^{-1})	303/1950
Gemischaufbereitung	elektr. Einspritzung, Turbo
Kraftübertragung	Fünfgang, manuell
Radaufhängung vorne	einzeln, McPherson, Querl., Stabi.
Radaufhängung hinten	einzeln, McPherson, Querl., Stabi.
Bremsen (vo./hi.)	Scheiben/Scheiben
Länge, Breite, Höhe (mm)	4807/1814/1422
Radstand (mm)	2687
Leergewicht (kg)	1520
Höchstgeschw. (km/h)	242

Bei der dritten Generation des Audi 100 behielt Audi die zusätzliche Modellbezeichnung 200 für die gehobenen Versionen bei. Änderungen an der Karosserie und eine größere Bereifung verhinderten, dass der 200 C3 mit dem cW-Wert von 0,30 werben konnte und nur 0,33 erreichte, was für eine Limousine der gehobenen Mittelklasse jedoch immer noch ein beispielhafter Wert war.
Die Einstiegsmotorisierung bildete wieder der Fünfzylinder mit 136 PS. Durch Einsatz eines Ladeluftkühlers beim Turbo stieg die Leistung 1985 auf 182 PS, reduzierte sich aber mit Katalysator auf 165 PS.
Nach dem Facelift von 1988 stattete Audi die Topversion des 200 mit einem aufgeladenen

Audi 200 quattro turbo, 1979.

Fünfzylinder und Vierventiltechnik aus, der 220 PS leistete. Damit beschleunigte der 200 aus dem Stand in 6,6 Sekunden auf Tempo 100 und erreichte 242 km/h Höchstgeschwindigkeit (Avant: 238 km/h). Damit war der Audi 200 eine der schnellsten Serienlimousinen seiner Zeit.

Mit dem Wechsel vom C3 zum C4 bei der 100er-Baureihe strich Audi den 200 ersatzlos aus dem Programm.

Rechts: Audi 200 quattro, 1. Generation.

Unten: Audi 200 avant, 1. Generation.

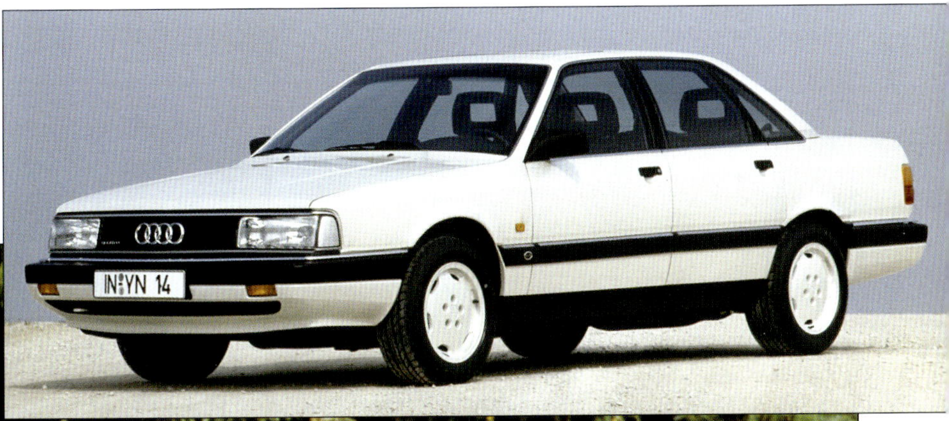
IN YN 14

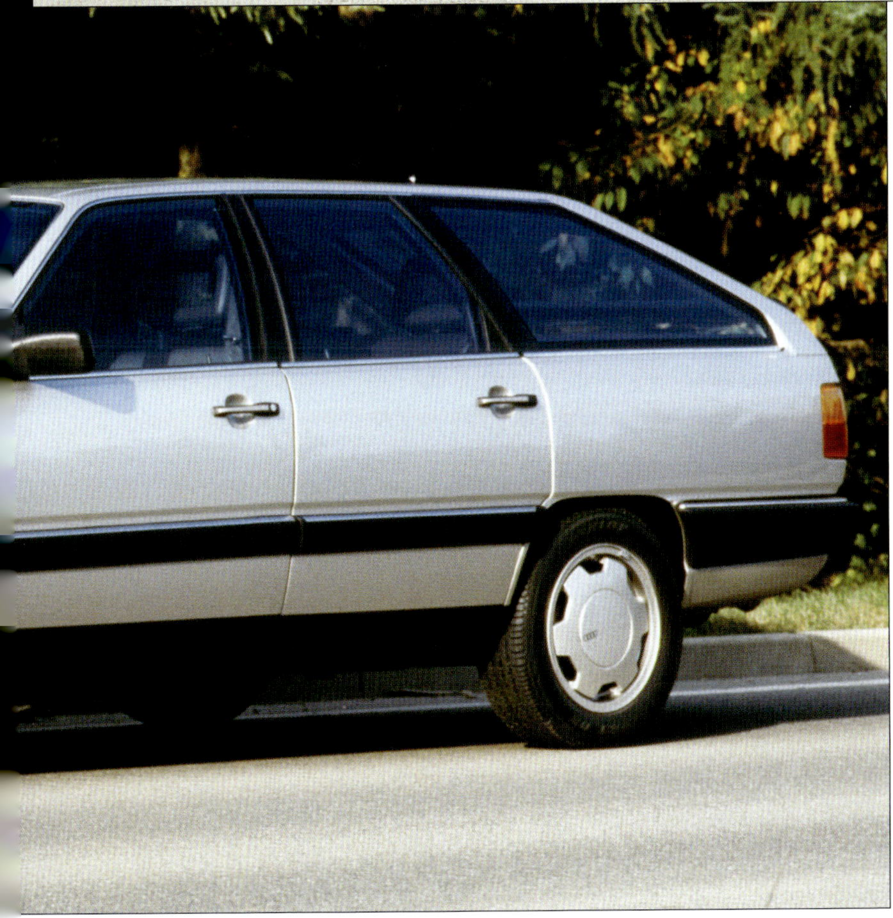

Audi A5 Sportback
(seit 2009)

Dem Trend der Angebotsdiversifikation bei den Premiumherstellern unter optimaler Ausnutzung der Plattformstrategie verdankt Audi seit Sommer 2009 ein weiteres Angebot in der gehobenen Mittelklasse. Der A5 Sportback ist ein sogenanntes »Crossover-Modell«, das die Eigenschaften verschiedener klassischer Autoformen miteinander verbindet. Beim A5 Sportback handelt es sich um eine Mischung aus klassischer viertüriger Limousine, sportlichem Coupé und Kombi.

Der Sportback basiert auf der gleichen Plattform wie das A5 Coupé, das A5 Cabrio und der aktuelle A4.

Die 4710 Millimeter lange Karosserie mit einem cW-Wert von 0,29 entsteht in einem Materialmix aus hydrogeformten Stahlteilen und Leichtmetall durch Verbinden mit Kleben und Laserschweißen. Mit 1390 Millimeter ist der A5 Sportback 36 Millimeter niedriger als der A4. Dadurch entsteht die coupéartige Führung der Dachlinie. Mit einem Ladevolumen zwischen 480 und 980 Liter qualifiziert sich der Sportback auch für die Lösung anspruchsvoller Transportaufgaben, die bislang das klassische Revier von Kombis waren. Beim Motorenangebot für den A5 Sportback steht ein breites Angebot aus dem Audi-Regal zur Verfügung. Die jeweils drei Diesel- und drei Benzinmotoren verfügen alle über Direkteinspritzung des Kraftstoffs. Die Benziner leisten 160, 180 und 265 PS, die Diesel 143, 170 und 240 PS. Serienmäßig verfügt der A5 Sportback über Energierückgewinnung. Für die Kraftübertragung stehen manuelle Sechsgangschaltung, Multitronic und Siebengang S tronic (DSG) zur Verfügung. Die Dynamiklenkung variiert die Lenkübersetzung um fast 100 Prozent, abhängig von der gefahrenen Geschwindigkeit und dem Modus von »drive select«, dem neuen Fahrdynamiksystem.

Modell	Audi A5 Sportback
Baujahr	seit 2009
Motor 2.7 TDI	V6
Nockenwelle, Vent./Zyl.	2 obenl./4
Bohrung/Hub (mm)	83/83,1
Verdichtung	16,8 : 1
Hubraum (cm^3)	2698
Leistung (PS/min^{-1})	190/3500
Max. Drehm. (Nm/min^{-1})	400/1400 - 3250
Gemischaufbereitung	Direkteinspritzung, Commonrail
Kraftübertragung	Sechsgang, manuell
Radaufhängung vorne	einzeln, Fünflenker
Radaufhängung hinten	einzeln, Trapezlenker
Bremsen (vo./hi.)	Scheiben innenbel./ Scheiben
Länge, Breite, Höhe (mm)	4711/1854/1391
Radstand (mm)	2810
Leergewicht (kg)	1620
Höchstgeschw. (km/h)	235

Audi Pkw – die Oberklasse

Audi V8
(1988 - 1994)

Innerhalb von nur gut zwei Jahrzehnten hatte sich Audi seit 1965 vom neuen Hersteller zum ernsthaften Konkurrenten unter den Premiummarken entwickelt. Nachdem 1977 BMW mit der Siebener-Reihe das Monopol der S-Klasse von Mercedes in der prestige- und gewinnträchtigen automobilen Oberklasse gebrochen hatte, hielt es Audi-Vorstand Ferdinand Piech nun an der Zeit, selbst mit einem Angebot auf den Markt der Luxuslimousinen zu drängen. Mit dem schlicht »V8« bezeichneten Modell trat Audi 1988 auf die Bühne des automobilen Luxusmarkts. Um dem Firmenmotto »Vorsprung durch Technik« gerecht zu werden und dem V8 eine Sonderstellung zu verleihen, erhielt die 4871 Millimeter lange Limousine neben der kompletten Verzinkung der Karosserie als erstes Fahrzeug der Klasse einen

Modell	Audi V8
Baujahr	1988 – 1994
Motor 3.6	V8
Nockenwelle, Vent./Zyl.	2 obenl./4
Bohrung/Hub (mm)	81/86,4
Verdichtung	10,6 : 1
Hubraum (cm^3)	3562
Leistung (PS/min^{-1})	250/5800
Max. Drehm. (Nm/min^{-1})	340/4000
Gemischaufbereitung	elektronische Einspritzung
Kraftübertragung	Sechsgang, manuell, permanenter Allrad
Radaufhängung vorne	einzeln, McPherson
Radaufhängung hinten	einzeln, McPherson
Bremsen (vo./hi.)	Scheiben innenbel./ Scheiben
Länge, Breite, Höhe (mm)	4871/1810/1420
Radstand (mm)	2703
Leergewicht (kg)	1710
Höchstgeschw. (km/h)	235

serienmäßigen Allradantrieb. Dazu bekam der Kunde Lederpolster, Klimaautomatik und Automatikgetriebe. Ausstattungsbereinigt brachte der V8 gegenüber seinen Wettbewerbern aus München und Stuttgart einen Preisvorteil von rund 30 Prozent an den Start.
Mit dem V8 hatte Audi kein komplett neues Fahrzeug entwickelt. Karosserie und Plattform stammten im Wesentlichen vom Audi 200. Neu war dagegen der komplett aus Leichtmetall gefertigte V8 mit Vierventiltechnik und 3562 cm^3 Liter Hubraum, der 250 PS leistete. Ab Modelljahr 1992 erweiterte Audi das Motorenangebot um einen V8 mit 4,2 Liter Hubraum, der 280 PS lieferte. Beim Karosse-

rieangebot kam eine auf 5190 Millimeter gestreckte Langversion hinzu, die allerdings nur 300 Mal gebaut wurde.
Trotz der ansprechenden Technik und der sportiven Fahrleistungen, ein V8 4,2 mit optionalem Sechsgangschaltgetriebe beschleunigte aus dem Stand in 6,2 Sekunden auf Tempo 100 und erreichte eine bei 250 km/h abgeregelte Höchstgeschwindigkeit, erzielte Audi mit dem V8 auf dem Markt nur Achtungserfolge, weil die Marke für die Oberklasse noch nicht über das erforderliche Image verfügte und erreichte nie die avisierten Verkaufszahlen. Es blieb bei 21.565 Einheiten des V8 in sechs Produktionsjahren.

Audi A8 D2
(1994 - 2002)

Mit dem V8 als erstem Modell der Oberklasse war Audi auf mangelhafte Akzeptanz gestoßen. Es hatte neben dem Markenimage auch eine angemessene Grundkonzeption gefehlt. Schließlich hatte die Mittelklassebaureihe Audi 100/200 (C3) die Basis für den V8 gebildet.

Mit neuer Modellbezeichnung A8 und einer kompletten Neukonstruktion eröffnete Audi 1984 die zweite Runde im Ringen um die Klasse, in der zwischenzeitlich auch Toyota mit seiner Nobelmarke Lexus und dem LS 400 erfolgreich mitmischte. Wieder war es eine technische Neuheit, mit der die auf 5034 Millimeter Länge gewachsene Limousine aufwarten konnte. Erstmals entstand bei einem Fahrzeug der Großserie die komplette Karosserie aus Leichtmetall. Audi stellte die Technik als »Spaceframe« vor. Als Fronttriebler ausgelegt, mit Allradantrieb quattro als Option, setzte Audi auf eine besonders sportliche Auslegung der Fahrwerksabstimmung und konnte im Bereich des Fahrkomforts noch nicht zu den Wettbewerbern aufschließen.

Der A8 startete mit einem wesentlich breiteren Motorenprogramm, als dies der V8 geboten hatte. Für den Einstieg gab es einen Sechszylinder mit 2771 cm^3 Hubraum und 174 PS, dessen Leistungsangebot ab 1996 auf 193 PS stieg. Darüber rangierte ein V8 mit 3697 cm^3 Hubraum und 230 PS, ab 1998 mit 260 PS. Für beide Motorvarianten war der Allradantrieb quattro optional verfügbar. Die Versionen mit 4,2-Liter-V8 erhielten den Allradantrieb serienmäßig. Beim A8 4,2 quattro standen 300 PS zur Verfügung. Das sportliche Sondermodell S8 debütierte 1996 mit 340 PS, nach dem ersten Facelift des A8 D2, der vor allem eine neue Fahrzeugfront mit einem durch den Stoßfänger geteilten Grill brachte, stieg die Leistung des S8 auf 360 PS.

Nachdem BMW seit 1987 für den Siebener einen Zwölfzylindermotor angeboten hatte und Mercedes mit dem prestigeträchtigen Antrieb bei der S-Klasse (W 140) 1991 nachgezogen hatte, stattete Audi den A8 ab 2001 mit einem W12-Motor aus, der aus 5998 cm^3 Hubraum

Audi A8, 1. Generation.

■ 80

450 PS schöpfte. 1997 brach mit einem 150 PS starken 2.5-Liter-V6 das Dieselzeitalter in Audis Oberklasse an, dessen Leistung 1999 auf 180 PS stieg. Im gleichen Jahr führte Audi den ersten V8-Diesel mit 3328 cm³ Hubraum und 224 PS ein.

Modell	Audi A8 D2
Baujahr	1994 – 2002
Motor 2.8	V6
Nockenwelle, Vent./Zyl.	2 obenl./5
Bohrung/Hub (mm)	82,5/86,4
Verdichtung	10,6 : 1
Hubraum (cm³)	2771
Leistung (PS/min^{-1})	193/6000
Max. Drehm. (Nm/min^{-1})	280/3200
Gemischaufbereitung	elektronische Einspritzung
Kraftübertragung	Fünfgang, sequentiell,
Radaufhängung vorne	einzeln, Vierlenker
Radaufhängung hinten	einzeln, Trapezlenker
Bremsen (vo./hi.)	Scheiben innenbel./ Scheiben
Länge, Breite, Höhe (mm)	5034/1880/1438
Radstand (mm)	2882
Leergewicht (kg)	1600
Höchstgeschw. (km/h)	233

Audi S8 D2
(1996 - 2003)

Rechts: Audi S8 D2.

Unten: Audi S8, 1. Generation.

Die Strategie bei Audi, jede Baureihe mit einem Topmodell zu krönen, das den Buchstaben »S« sozusagen als »Goldenes Sportabzeichen« tragen darf, erreichte 1996 auch die Oberklasselimousine A8. Der erste S8 etablierte sich als sportlichste Limousine seiner Klasse. Mit seiner Karosserie aus Leichtmetall und dem serienmäßigen Allradantrieb quattro transportierte der S8 die wichtigsten charakteristischen Merkmale der Marke. Um der 1730 Kilo schweren, 5034 Millimeter langen Limousine Fahrleistungen eines Hochleistungssportwagens zu verleihen, nahmen sich die Entwickler des 4,2-Liter-V8 an. Der Leichtmetallmotor mit vier obenliegenden Nockenwellen und vier Ventilen pro Zylinder erstarkte auf 340 PS. Damit beschleunigte der S8 aus dem Stand in 5,5 Sekunden auf 100 km/h. Mithin nur eine Zehntelsekunde mehr als ein Porsche 911 (993).

Beim äußeren Auftritt hielt sich der S8 dezent zurück. Kenner identifizierten die 250 km/h schnelle Limousine unter anderem am speziellen Grill, den unlackierten, polierten Außenspiegeln und den 18-Zoll-Leichtmetallrädern, der Designlinie »Avus«, die den Bogen zu anderen S-Modellen der Ingolstädter spannte. Im Innenraum bot der S8 hervorragende Sportsitze.

Im Zuge der Modellpflege der gesamten Baureihe erhielt der S8 D2 ab Baujahr 1999 den geteilten Grill aller A8 und einen gründlich überarbeiteten Motor. Audi stellte den V8 bei unverändertem Hubraum auf Fünfventiltechnik um. Damit stieg die Leistung auf 360 PS, was die Beschleunigung noch einmal um 0,1 Sekunden verbesserte und vor allem eine Sekunde besser ausfiel als beim direkten Wettbewerber, dem ebenfalls 360 PS starken Mercedes-Benz S 55 AMG.

Modell	S8 D2 (Limousine)
Baujahr	1996 – 2002
Motor	V8
Nockenwelle, Vent./Zyl.	2 obenl./5
Bohrung/Hub (mm)	84,5/93
Verdichtung	11,0 : 1
Hubraum (cm^3)	4172
Leistung (PS/min^{-1})	360/7000
Max. Drehm. (Nm/min^{-1})	430/3400
Gemischaufbereitung	elektronische Benzineinspritzung
Kraftübertragung	Sechsgang manuell, Allradantrieb
Radaufhängung vorne	einzeln, Vierlenker, Stabi.
Radaufhängung hinten	einzeln, Trapezlenker, Stabi.
Bremsen (vo./hi.)	Scheiben innenbel./Scheiben innenbl.
Länge, Breite, Höhe (mm)	5034/1880/1418
Radstand (mm)	2882
Leergewicht (kg)	1730
Höchstgeschw. (km/h)	250

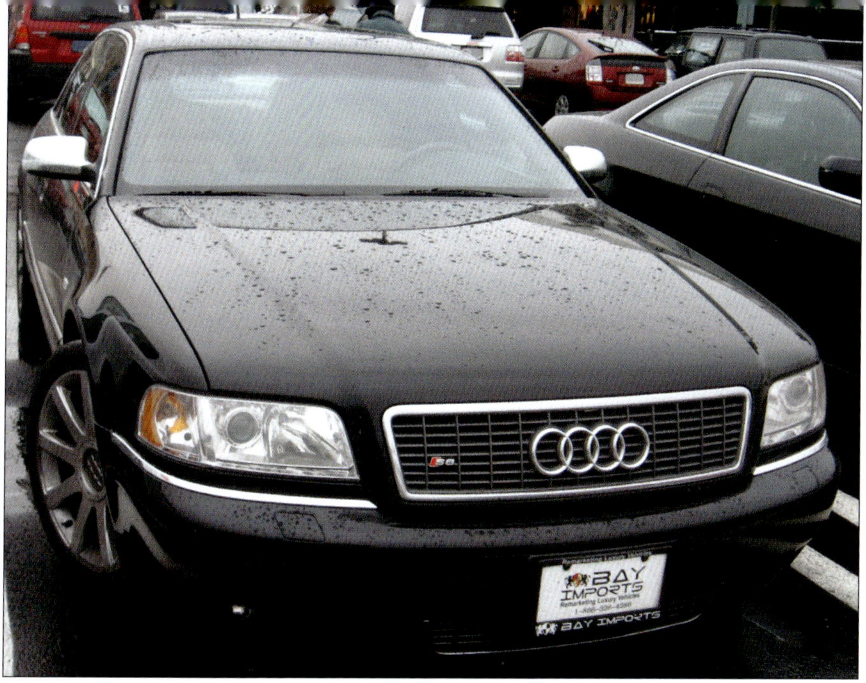
BAY
IMPORTS
BAY IMPORTS

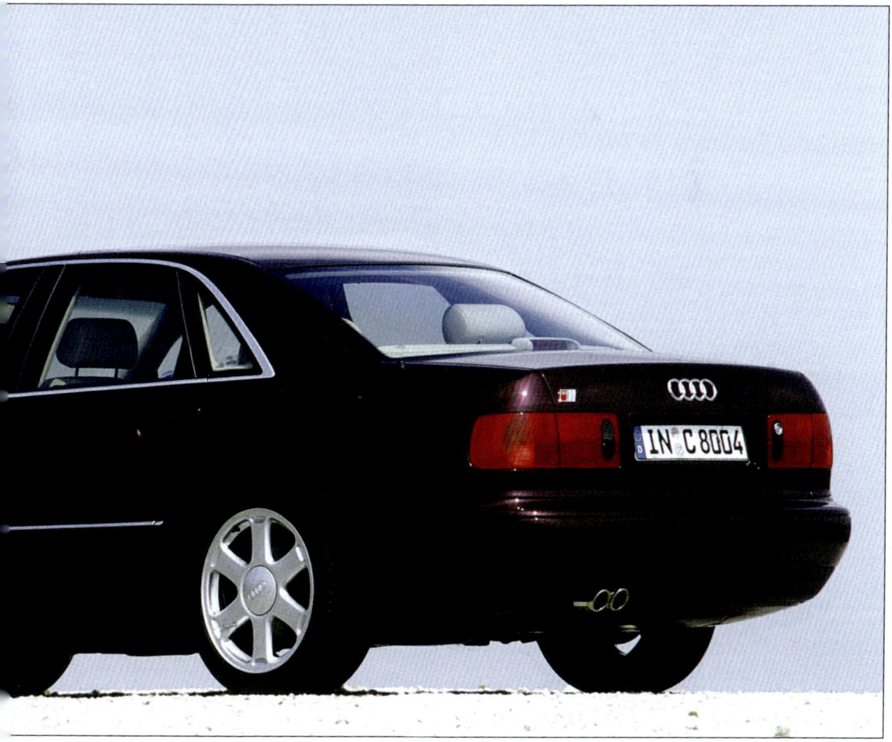
IN C 8004

Audi A8 D3
(2002 - 2010)

Mit dem ersten A8 und seiner Karosserie aus Leichtmetall hatte sich Audi in der Oberklasse den Konkurrenten aus Stuttgart und München erfolgreich angenähert. Mit entsprechender Sorgfalt und riesigem Aufwand war die zweite Generation entwickelt worden, die die Ingolstädter im Herbst 2002 vorstellten. Der zweite A8 war in der Länge geringfügig auf 5062 Millimeter gewachsen. Die Plattform des D3 war mit der des Phaeton identisch, mit dem sich Volkswagen ebenfalls seit 2002 in der Oberklasse engagiert.

Diese gemeinsame Oberklasseplattform dient auch für die Bentley-Modelle Continental GT und Continental Flying Spur als technische Basis.

Zum Verkaufsstart stattete Audi den D3 ausschließlich mit Achtzylindern aus. Der 3,7-Liter war auf 280 PS erstarkt, der 4,2-Liter auf 335 PS, der Diesel mit inzwischen vier Litern Hubraum auf 275 PS, der das beachtlich maximale Drehmoment von 650 Newtonmetern lieferte.

2003 folgte als Einstiegsmodell ein Dreiliter-V6 mit 220 PS und Frontantrieb. Der Zwölfzylinder mit nunmehr 450 PS aus sechs Litern Hubraum feierte sein Debüt 2004.

Die Modellpflege von 2005 brachte das Ende für den Dreiliter-V6 und den 3,7-Liter-V8. Dafür rückten ein 3,2-Liter-V6 mit Benzindirekteinspritzung und 260 PS sowie ein 2,8-Liter mit 210 PS nach.

Es dauerte bis 2006, bis die Premiere des sportlichen Spitzenmodells mit der traditionellen Bezeichnung S8 erfolgte. Hier sorgte ein V10 mit 5,2 Liter Hubraum und 450 PS für Vortrieb. Der Motor war technisch mit dem V10 des Supersportwagens Gallardo aus dem Programm von Audi-Tochter Lamborghini verwandt.

Modell	Audi V8 D3
Baujahr	2002 – 2010
Motor 6.0	W12
Nockenwelle, Vent./Zyl.	1 obenl./4
Bohrung/Hub (mm)	84/90,2
Verdichtung	10,75 : 1
Hubraum (cm^3)	5998
Leistung (PS/min^{-1})	450/6200
Max. Drehm. (Nm/min^{-1})	580/4000 - 4700
Gemischaufbereitung	elektronische Einspritzung
Kraftübertragung	Sechsgang, sequentiell, permanenter Allrad
Radaufhängung vorne	einzeln, Vierlenker
Radaufhängung hinten	einzeln, Trapezlenker
Bremsen (vo./hi.)	Scheiben innenbel.
Länge, Breite, Höhe (mm)	5062/1894/1444
Radstand (mm)	2944
Leergewicht (kg)	1960
Höchstgeschw. (km/h)	250 (abgeregelt)

Oben und unten: Audi A8, 2. Generation.

Links: Innenraum des Audi A8, 2. Generation.

Audi S8 D3
(2006 – 2010)

Die zweite komplett neu entwickelte Generation des A8 präsentierte Audi 2002. Mit der Vorstellung des Topmodell S8 ließen sich die Ingolstädter fast vier Jahre Zeit. Das technische Grundkonzept änderte sich nicht. Äußerlich nur dezent aufgewertet, ohne sportive Anbauteile, nur mit den unlackierten, polierten Außenspiegeln, zwei doppelten ovalen Endrohren und 20-Zoll-Rädern versehen, generierte

Audi S8 D3 aktuell.

sich auch die zweite Generation des S8 als »Wolf im Schafspelz«.

Beim Antrieb genügte der S8 nun den Ansprüchen eines echten Topmodells; außerdem sicherte dieser der 5062 Millimeter langen Limousine eine echte Alleinstellung im automobilen Oberhaus.

Modell	Audi S8 D3 (Limousine)
Baujahr	2006 – 2010
Motor	V10
Nockenwelle, Vent./Zyl.	2 obenl./4
Bohrung/Hub (mm)	84,5/92,8
Verdichtung	12,5 : 1
Hubraum (cm^3)	5204
Leistung (PS/min^{-1})	450/7000
Max. Drehm. (Nm/min^{-1})	540/3500
Gemischaufbereitung	Benzindirekteinspritzung
Kraftübertragung	Sechsgang Aut., Allradantrieb
Radaufhängung vorne	einzeln, Vierlenker, Stabi.
Radaufhängung hinten	einzeln, Trapezlenker, Stabi.
Bremsen (vo./hi.)	Scheiben innenbel./Scheiben innenbl.
Länge, Breite, Höhe (mm)	5062/1894/1424
Radstand (mm)	2944
Leergewicht (kg)	1940
Höchstgeschw. (km/h)	250

Die Entwickler statteten den S8 mit einem komplett neu entwickelten V10-Motor aus. Das Leichtmetalltriebwerk mit 90 Grad Gabelwinkel und 5204 cm^3 Hubraum basierte nur im Grundlayout auf dem V10 der sportlichen Audi-Tochter Lamborghini, wo er im Gallardo 540 PS entwickelte. Für den S8 musste der V10 einen ganz anderen Charakter zeigen. Gefragt war weniger ultimative Höchstdrehzahl, als vielmehr eine durchzugsstarke Leistungsentfaltung für überragenden Langstreckenkomfort. Dafür reichten beim S8 450 PS. Das maximale Drehmoment von 540 Newtonmetern bei 3500 min^{-1} erreichte Dimensionen eines Sechs- oder Achtzylinder-Dieselmotors. Obwohl das Leergewicht auf 1940 Kilo gestiegen war, überschritt der S8 D2 nach 5,1 Sekunden die Schwelle von Tempo 100. Für eine standesgemäße Verzögerung bot Audi eine optionale Keramikbremsanlage an.

Audi A8 D4
(seit 2010)

Mit einer riesigen Party enthüllte Audi am 1. Dezember 2009 im Rahmen einer Designmesse in Miami im US-Bundesstaat Florida die dritte Generation des A3, die im Frühjahr 2010 in den Handel kam.
Wieder war die Limousine aus Leichtmetall gewachsen, auf eine Gesamtlänge von 5173 Millimetern, was vor allem den Passagieren im Fond den Komfort einer echten Chauffeurlimousine verleihen soll. Charakteristisch für die Gestaltung ist der dominante Singelframe-Kühlergrill und die LED-Leuchteinheiten für Abblend-, Fern- und Tagfahrlicht sowie Blinker und statisches Kurvenlicht.
Für den Verkaufsstart standen zwei Achtzylindermotoren mit 4134 cm^3 Hubraum zur Verfügung. Als Diesel leistet das Leichtmetalltriebwerk 350 PS bei 4000 min^{-1}, als Benziner 372 PS bei 6800 min^{-1}. Beide Versionen beschleunigen aus dem Stand in rund 5,5 Sekunden auf Tempo 100 und erreichen eine bei 250 km/h abgeriegelte Höchstgeschwindigkeit.

Bei der Kraftübertragung setzt Audi erstmals eine Tiptronic mit acht Stufen ein. Die sogenannte »Shift-by-wire-Technologie« erlaubt die elektronische Übermittlung der Gangwahl, was die Zeiten für den Wechsel der Gangstufen

Innenraum des Audi A8.

reduziert und damit den Verbrauch bei gleichzeitig erhöhtem Fahrkomfort. Das serienmäßige »Audi drive select« ermöglicht eine flexible Regelung der fahrdynamischen Regelsysteme durch einen elektronischen Eingriff.

Modell	Audi A8 D4
Baujahr	seit 2010
Motor 4.2 FSI	V8
Nockenwelle, Vent./Zyl.	2 obenl./4
Bohrung/Hub (mm)	84,5/82,8
Verdichtung	12,5 : 1
Hubraum (cm^3)	4163
Leistung (PS/min^{-1})	372/6800
Max. Drehm. (Nm/min^{-1})	445/3500
Gemischaufbereitung	Direkteinspritzung
Kraftübertragung	Achtgang, automatisch, permanenter Allrad
Radaufhängung vorne	einzeln, Doppelquerlenker, Luftfederung
Radaufhängung hinten	einzeln, Querlenker, Luftfederung
Bremsen (vo./hi.)	Scheiben innenbel.
Länge, Breite, Höhe (mm)	5137/1949/1460
Radstand (mm)	2990
Leergewicht (kg)	1995
Höchstgeschw. (km/h)	250 (abgeregelt)

Audi Pkw – die Coupés/Sportwagen

Audi 100 Coupé
(1970 – 1976)

Audi 100 Coupé, 1970.

Ende der Sechziger des letzten Jahrhunderts gehörte es zum guten Ton der Großserienhersteller, die Baureihen ihrer Limousinen der gehobenen Mittelklasse mit zweitürigen Coupés zu ergänzen, die die eigentlich biederen Limousinen mit einem sportlichen und exklusiven Image unterstützen sollten. Opel praktizierte das erfolgreich mit seinen Baureihen Rekord und Commodore, Ford mit dem 20 M, 23 M und 26 M.

So fiel auch die Entscheidung bei Audi, den 1968 eingeführten 100 mit einem Coupé zu ergänzen, das Mitte 1970 in Produktion ging. Der Zweitürer, der sich mit der Limousine das Design des Vorderwagens teilte, hatte zudem die Aufgabe, gegen das allzu bürgerliche Image anzugehen, das Audi seit dem Debüt der Marke anhaftete. Das Audi 100 Coupé bot im Stil der Zeit die typischen Gestaltungs-

Modell	Audi 100 Coupé
Baujahr	1970 – 1976
Motor 1,94	4-Zyl. Reihe
Nockenwelle, Vent./Zyl.	1 obenl./2
Bohrung/Hub (mm)	84/84,4
Verdichtung	10,0 : 1
Hubraum (cm^3)	1871
Leistung (PS/min^{-1})	112/5600
Max. Drehm. (Nm/min^{-1})	160/3500
Gemischaufbereitung	Vergaser
Kraftübertragung	Viergang, manuell
Radaufhängung vorne	einzeln, dop. Dreiecksquerl.
Radaufhängung hinten	starre Kurbellenkerachse
Bremsen (vo./hi.)	Scheiben/Trommel
Länge, Breite, Höhe (mm)	4398/1750/1370
Radstand (mm)	2560
Leergewicht (kg)	1100
Höchstgeschw. (km/h)	183

elemente mit einer schräg abfallenden Dachlinie bis zum senkrechten Heckabschluss. Diese Linie fand sich bei praktisch allen Großseriencoupés der Zeit, war aber auch bei Exoten wie dem Aston Martin DBS oder den amerikanischen Musclecars vom Ford Mustang über den Pontiac GTO bis zum Chevrolet Camaro zu finden.

Bei der Technik und beim Antrieb trennte nichts die beiden Welten von Limousine und Coupé beim Audi 100. Abgesehen von der Basismotorisierung mit 80 PS standen für das Coupé die übrigen Leistungsstufen mit 85, 100 und 115 PS zur Verfügung.

Beim Topmodell Coupé S sorgten innenbelüftete Scheibenbremsen an den Vorderrädern für standesgemäße Verzögerung.
Die Verwendung von Recyclingstahl für die Karosserien und mangelhafter Rostschutz sorgten für die schnelle Dezimierung der gesamten Baureihe. Davon blieben auch die insgesamt 30.787 Coupés des Audi 100 nicht verschont, von denen 14.130 Exemplare exportiert wurden.

Audi Coupé B2
(1980 - 1987)

Modell	Audi Coupé B2
Baujahr	1980 – 1987
Motor 5S	5-Zyl. Reihe
Nockenwelle, Vent./Zyl.	1 obenl./2
Bohrung/Hub (mm)	79,5/77,4
Verdichtung	10,0 : 1
Hubraum (cm^3)	1921
Leistung (PS/min^{-1})	115/5800
Max. Drehm. (Nm/min^{-1})	154/3700
Gemischaufbereitung	Einspritzung, Bosch K-Jetronic
Kraftübertragung	Fünfgang, manuell
Radaufhängung vorne	einzeln, McPherson
Radaufhängung hinten	einzeln, Torsionskurbelachse
Bremsen (vo./hi.)	Scheiben/Trommel
Länge, Breite, Höhe (mm)	4349/1682/1350
Radstand (mm)	2540
Leergewicht (kg)	1020
Höchstgeschw. (km/h)	182

Nachdem das Audi 100 Coupé seine Rolle als Imageträger und gewinnträchtige, weil höherpreisige Modellvariante gut gespielt hatte, klaffte nach dem Produktionsende 1976 eine Lücke im Angebot von Audi. Ein aktuelles, sportliches Modell tat nicht zuletzt Not, weil die Marke in den Siebzigern ihren etwas spießigen Ruf eher gefestigt als abgebaut hatte, der den typischen Audi-Kunden als Träger von Hut und Hosenträger beschrieb.

Auf dem Autosalon in Paris im Herbst 1980 steuerte Audi mit dem Coupé B2 dagegen. Bis zur Gürtellinie übernahm der Zweitürer die Karosserie der Limousine mit Ausnahme geänderter Scheinwerfer. Das schräg abfallende Heck spiegelte die kantigen Konturen des Urquattro wieder, an den sich das neue Audi Coupé durchaus anlehnen sollte.

Die Heckkante zierte bis auf die nur kurzzeitig angebotene Variante mit 75-PS-Motor ein schwarzer, unlackierter Heckspoiler aus Polyurethan-Schaum.

Die Version GL war mit 90 PS, der GT mit 90 und 112 PS aus dem 1,8-Liter-Vierzylinder (1781 cm^3) verfügbar, die ausschließlich mit GT-Ausstattung angebotenen Fünfzylinder leisteten 115, 130, später 136 PS. Diese 136 PS reduzierten sich in Verbindung mit einem geregelten Dreiwege-Katalysator auf 115 PS. Das Topmodell der Baureihe bildete ab 1984 das »Coupé quattro« mit 136 PS (120 PS mit Kat) und Allradantrieb. Vorher begnügten sich alle Versionen des Coupés mit Frontantrieb. Eine umfangreiche Modellpflege 1984 sorgte für eine weitere optische Annäherung an den Audi quattro, allerdings ohne dessen charakteristisch ausgestellten Kotflügelverbreiterungen. Kennzeichnend für die Modelle ab 1984 waren die geänderten Scheinwerfer, schwarze Rückleuchten und massivere, in Wagenfarbe lackierte Stoßfänger.

Audi 80 Coupé quattro.

Audi Coupé B3
(1988 – 1996)

Nachdem Audi die dritte Generation der Baureihe 80 im Herbst 1986 vorgestellt hatte, folgte zwei Jahre später die zweitürige Variante als eigenständiges Coupé. Im Gegensatz zur ersten Generation, die im Bereich der Karosserie zahlreiche Teile der verwandten Limousine genutzt hatte, entstand die zweite Generation des Coupés als ganz eigenständiger Entwurf. Den optischen Auftritt prägte wie beim Vorgänger eine schräg abfallende Hecklinie mit einer großen, oben am Dach angeschlagenen Heckklappe und umklappbaren Lehnen für die Rücksitze. Das B3 Coupé verfügte über eine hohe Ladekante oberhalb der Rücklichter und Stoßfänger, die in Wagenfarbe lackiert waren. Die Konstruktion der Karosserie bot eine so hohe Steifigkeit, dass auf ihrer Basis ab 1990 das erste viersitzige Cabrio bei Audi entstehen konnte.

Zur Markteinführung standen zwei Motorvarianten zur Verfügung. Die beiden Fünfzylinder mit 2309 cm^3 leisteten als Zweiventiler 136, als Vierventiler 170 PS. Mit der stärkeren Version ließen sich sportliche Fahrleistungen realisieren, wie die Beschleunigung in 8,6 Sekunden aus dem Stand auf Tempo 100 ebenso belegt wie die Höchstgeschwindigkeit von 220 km/h. 1990 stellte Audi den S2 als sportliches Topmodell der Baureihe vor, dessen aufgeladener Fünfzylinder mit 2226 cm^3 220, ab 1992 230 PS mobilisierte und damit 248 km/h Höchstgeschwindigkeit ermöglichte und einen Sprint auf Tempo 100 in sechs Sekunden. Ein Facelift im folgenden Jahr bescherte auch den schwächeren Varianten die Optik des S2, abgesehen von den charakteristischen Stoßfängern, die dem S2 als unverkennbares äußeres Merkmal vorbehalten blieben. Für diejenigen Kunden, die den Schwerpunkt auf Komfort beim Coupé B2 legten, führte Audi 1991 den 174 PS starken V6 mit 2771 cm^3 ein, ein Jahr später den 2,6-Liter-V6 mit 150 PS.

Wie bei den Limousinen war das Coupé grundsätzlich als Fronttriebler mit einem Fünfgang-Schaltgetriebe für die Kraftübertragung ausgestattet. Für die stärkeren Modelle konnte der Allradantrieb quattro als Option bestellt werden. Der S2 war serienmäßig mit Allradantrieb ausgestattet.

Modell	Audi Coupé B3
Baujahr	1988 – 1996
Motor 2.0	4-Zyl. Reihe
Nockenwelle, Vent./Zyl.	1 obenl./2
Bohrung/Hub (mm)	82,5/86,4
Verdichtung	10,5 : 1
Hubraum (cm^3)	1984
Leistung (PS/min^{-1})	115/5400
Max. Drehm. (Nm/min^{-1})	165/3200
Gemischaufbereitung	Einspritzung, Bosch KE-Jetronic
Kraftübertragung	Fünfgang, manuell
Radaufhängung vorne	einzeln, McPherson
Radaufhängung hinten	einzeln, Verbundlenkerachse
Bremsen (vo./hi.)	Scheiben innenbel./Scheiben
Länge, Breite, Höhe (mm)	4366/1716/1375
Radstand (mm)	2556
Leergewicht (kg)	1130
Höchstgeschw. (km/h)	196

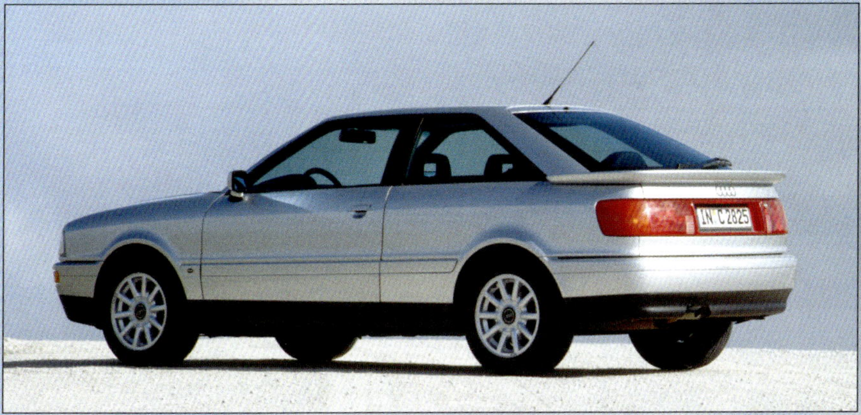
IN C 2825

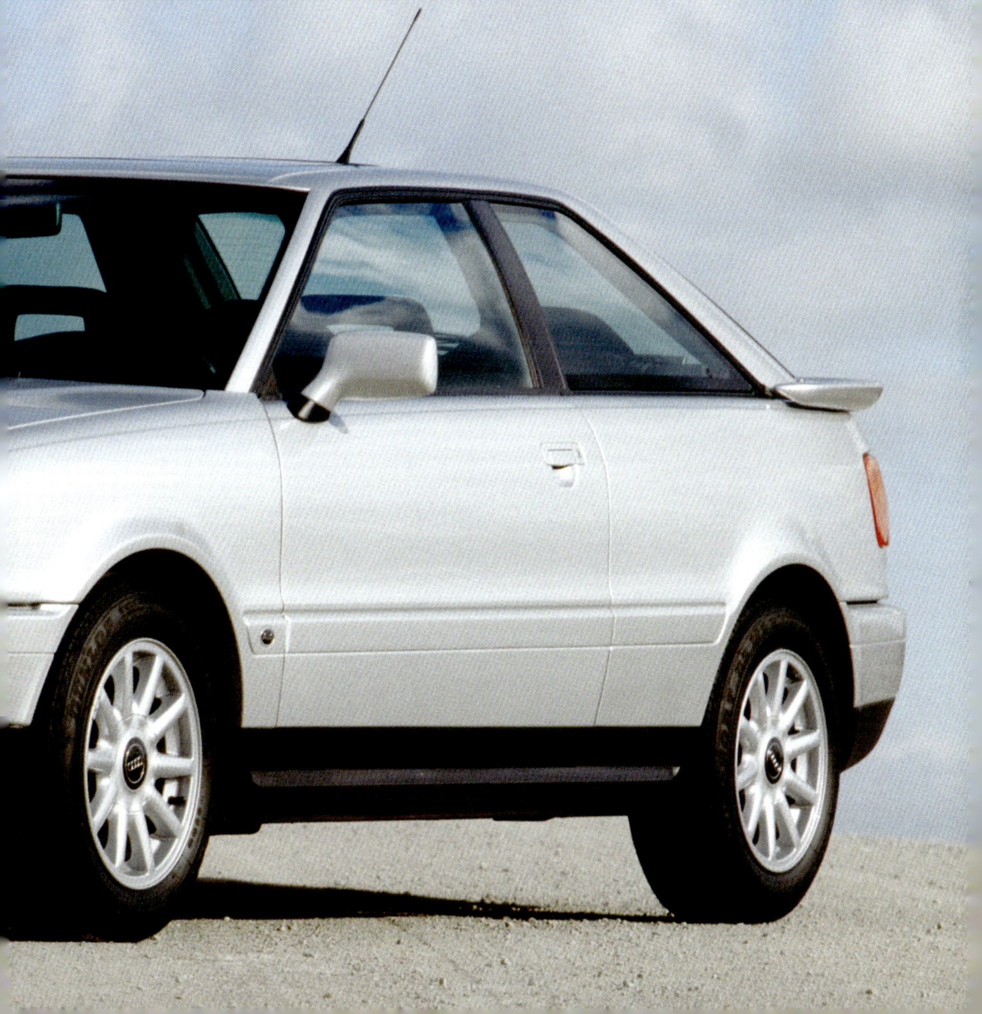

Audi S2
(1990 – 1995)

Die Bezeichnung »S2« kennzeichnete die sportliche Spitze der Mittelklassebaureihe. Insgesamt entstanden 9488 Limousinen, Kombis, aber im Wesentlichen Coupés (B3), die die Lücke des Ur-Quattro füllen sollten und mit 7370 Einheiten den Löwenanteil aller S2-Modelle stellten.

Bei der Entwicklung des S2 Coupés arbeitete Audi mit der Konrad Schmidt Motorsport GmbH zusammen, die für die Ingolstädter in der DTM den V8 quattro an den Start brachte. Für den Antrieb sorgte der Reihenfünfzylinder mit 2,2 Liter Hubraum und Turboaufladung, der den Sport quattro ebenso befeuerte wie den Audi 200 quattro 20V, wo er, wie im S2, 220 PS leistete. Im Rahmen einer Modellpflege 1992 stieg die Leistung des Fünfzylinders auf 230 PS. Die Kraftübertragung wechselte dabei vom ursprünglichen Fünfgang- auf ein Sechsgangschaltgetriebe. Allradantrieb war für alle S2-Modelle serienmäßig.

Ein grüner Audi S2 Coupé von 1994.

Modell	Audi S2 Coupé
Baujahr	1990 – 1995
Motor	Fünfzylinder Reihenmotor, Turboausl.
Nockenwelle, Vent./Zyl.	2 obenl./4
Bohrung/Hub (mm)	81/86,4
Verdichtung	9,3 : 1
Hubraum (cm^3)	2226
Leistung (PS/min^{-1})	220 (230)/5900
Max. Drehm. (Nm/min^{-1})	309 (350)/1950
Gemischaufbereitung	elektronische Benzineinspritzung
Kraftübertragung	Fünfgang manuell, Allradantrieb
Radaufhängung vorne	einzeln, McPherson, Stabi.
Radaufhängung hinten	einzeln, Verbundlenker, Stabi.
Bremsen (vo./hi.)	Scheiben innenbel./Scheiben .
Länge, Breite, Höhe (mm)	4401/1716/1375
Radstand (mm)	2549
Leergewicht (kg)	1420
Höchstgeschw. (km/h)	248

Die Karosserie des S2 zeichnete spezielle Frontspoiler und Heckschürzen aus, der Innenraum bot unter anderem Sportsitze und Zusatzinstrumente. Für die passive Sicherheit sorgte das Sicherheitssystem Proconten.

Audi A5
(seit 2007)

Nachdem die Produktion des B3-Coupés 1996 geendet hatte, war Audi in diesem prestigeträchtigen Segment nicht mehr vertreten, zumal BMW mit dem Dreier-Coupé (seit 1992) ebenso große Verkaufserfolge feierte wie Mercedes mit dem auf der C-Klasse basierenden CLK (seit 1997). Erst im Rahmen des Automobilsalons in Genf 2007 meldete sich Audi bei den Coupés der Mittelklasse mit dem A5 zurück.

Die Gestaltung des 4625 Millimeter langen Zweitürers stammt von Walter de`Silva, der den Entwurf selbst als seine beste Arbeit bezeichnete, worauf er bislang kaum Widerspruch ernten musste.

Audi A5.

Technisch basierte der A5 auf der erst ein Jahr später präsentierten aktuellen Baureihe des A4. Mit einer Länge von 4630 Millimetern platziert sich das A5 Coupé zwischen dem BMW Dreier-Coupé (4,58 Meter) und dem Coupé der Mercedes E-Klasse (4,7 Meter), das den CLK 2009 abgelöst hat. Damit bietet der zweitürige Audi einen geräumigen Innenraum und ein Gepäckabteil mit einem Ladevolumen von 455 Litern, das dank umklappbarer Rücksitze noch erweitert werden kann.

Das Fahrwerk mit der Fünflenkerachse vorne und der Trapezlenkerachse hinten verleiht dem Coupé ein ausgezeichnetes Handling, was

Audi A5 Cabrios von vorne und hinten.

Fahrwerk und Antriebsstrang.

Tests in Fachzeitschriften bestätigten. Wie bei allen anderen Modellen von Audi ist auch das A5 Coupé grundsätzlich als Fronttriebler ausgelegt, der Allradantrieb quattro steht als Option zur Verfügung. Für die Kraftübertragung sorgt serienmäßig ein Sechsgangschaltgetriebe.

Modell	Audi A5 Coupé
Baujahr	seit 2007
Motor 3.0 TDI quattro	V6, Turbo
Nockenwelle, Vent./Zyl.	2 obenl./4
Bohrung/Hub (mm)	83/91,4
Verdichtung	16,8 : 1
Hubraum (cm^3)	2967
Leistung (PS/min^{-1})	240/4000
Max. Drehm. (Nm/min^{-1})	500/1500 - 3000
Gemischaufbereitung	Commonrail-Direkteinspritzung
Kraftübertragung	Sechsgang manuell, Allradantrieb
Radaufhängung vorne	einzeln, Fünflenker, Querl., Stabi.
Radaufhängung hinten	einzeln, Trapezlenker, Stabi.
Bremsen (vo./hi.)	Scheiben innenbel./Scheiben
Länge, Breite, Höhe (mm)	4625/1854/1372
Radstand (mm)	2751
Leergewicht (kg)	1620
Höchstgeschw. (km/h)	250

Dank des perfektionierten Baukastensystems bei Audi bietet das A5 Coupé ein umfangreiches Angebot an Motorisierungen. Der 1,8-Liter TFSI mit 160 PS löste 2009 als Basismotorisierung den 170 PS starken Vorgänger ab. Die beiden aufgeladenen Zweiliter-Vierzylinder mit Benzindirekteinspritzung leisten 180 und 211 PS. Darüber rangiert der 3,2-Liter FSI mit 265 PS. Das sportliche Topmodell S5 ist mit einem 354 PS starken V8 verfügbar, den langfristig von dem 2009 eingeführten V6 mit Aufladung und 333 PS abgelöst wird. Dazu kommen drei Dieselmotoren mit 170, 190 und 240 PS.

Im März 2009 stellte Audi das viersitzige Cabriolet auf Basis des A5 vor, das über die identische Plattform und das gleiche Motorenangebot wie das Coupé verfügt. Als dritte Variante vervollständigt der Sportback seit Oktober 2009 die Modellreihe A5.

Audi S5
(seit 2007)

Um das Modellangebot in der gehobenen Mittelklasse neu zu strukturieren, führte Audi 2007 den A5 ein. Ursprünglich für den authentischen Nachfolger des Audi Coupés kreiert, vereinigt die Baureihe seit 2009 auch die ganz neue Karosserievariante Sportback und das viersitzige Cabrio.

Die S-Version des Coupés debütierte 2007 gleichzeitig mit der zweitürigen Baureihe. Das 4635 Millimeter lange Coupé erhielt zum Start als S5 den bewährten V8 mit 4,2 Liter Hubraum und 354 PS Leistung, die eine Sechsgangautomatik auf alle vier Räder übertrug. Bereits 2009 schickte Audi den V8 beim S5 in Rente, um seine Renaissance beim RS5 vorzubereiten. Mit Einführung des Sportback und Cabrio beim A5 erhielten die »S«-Modelle den neu entwickelten V6 mit drei Liter Hubraum, Direkteinspritzung und Kompressor, der 333 PS liefert. In Verbindung mit dem Siebengang-Doppelkupplungsgetriebe S tronic verschlechterte sich der Beschleunigungswert für 0 bis 100 km/h von 5,1 auf 5,4 Sekunden. Dafür verbesserte sich der kombinierte Normverbrauch von 12,1 Liter (V8) auf 9,7 Liter.

Oben und rechts: Audi S5, 2010.

Unten: Audi S5 Cabrio, 2010.

Modell	Audi S5 (Sportback)
Baujahr	seit 2007
Motor	V6, Kompressor
Nockenwelle, Vent./Zyl.	2 obenl./4
Bohrung/Hub (mm)	84,5/89
Verdichtung	10,3 : 1
Hubraum (cm^3)	2995
Leistung (PS/min^{-1})	333/5500
Max. Drehm. (Nm/min^{-1})	440/2900 - 5300
Gemischaufbereitung	Benzin-direkteinspritzung
Kraftübertragung	Siebengang (S tronic), Allradantrieb
Radaufhängung vorne	einzeln, Fünflenker, Stabi.
Radaufhängung hinten	einzeln, Trapezlenker, Stabi.
Bremsen (vo./hi.)	Scheiben innenbel./ Scheiben innenbl.
Länge, Breite, Höhe (mm)	4635/1854/1382
Radstand (mm)	2751
Leergewicht (kg)	1755
Höchstgeschw. (km/h)	250

Audi RS5
(seit 2010)

Im Frühjahr 2010 krönte Audi das A5 Coupé mit der sportlichen Topversion RS5. Das Modell erschien pünktlich zum 30. Geburtstag der quattro GmbH. Das Coupé schließt im Angebot der sportlichen Audis die Lücke zwischen dem TT RS mit 340 PS und dem RS6 mit 580 PS. Den Mittelweg zwischen dem aufgeladenen Fünfzylinder (TT RS) und dem Biturbo-Zehnzylinder (RS6) findet der RS5 auch beim Motor. Er ist mit dem 4,2-Liter V8 ausgestattet, der aus dem R8 bekannt ist. Damit distanziert er auch den aufgeladenen V6 der aktuellen S5-Versionen, der 333 PS leistet. Detailarbeit an dem Leichtmetallmotor mit Direkteinspritzung, der bei Bedarf bis 8500 min^{-1} dreht, führt zu 450 PS. Via Doppelkupplungsgetriebe mit sieben Gangstufen (S tronic) gelangt die Kraft über alle vier Räder auf die Piste. Für die Kraftverteilung zwischen den Achsen des RS5 ist nicht mehr das klassische Torsendifferential zuständig, sondern eine neu entwickelte Lamellenkupplung, die eine wesentliche größere Spreizung bei der Verteilung der Antriebskraft ermöglicht. Für einen Grundpreis von 77.700 Euro bietet Audi einen 1725 Kilo schweren Viersitzer, der in 4,6 Sekunden aus dem Stand auf Tempo 100 beschleunigt.

Modell	Audi RS5
Baujahr	seit 2010
Motor	V8
Nockenwelle, Vent./Zyl.	2 obenl./4
Bohrung/Hub (mm)	84,5/92,8
Verdichtung	12,3 : 1
Hubraum (cm^3)	4163
Leistung (PS/min^{-1})	450/8250
Max. Drehm. (Nm/min^{-1})	430/4000 - 6000
Gemischaufbereitung	Benzin-direkteinspritzung
Kraftübertragung	Siebengang (Stronic), Allradantrieb
Radaufhängung vorne	einzeln, Fünflenker, Stabi.
Radaufhängung hinten	einzeln, Trapezlenker, Stabi.
Bremsen (vo./hi.)	Scheiben innenbel./Scheiben innenbl.
Länge, Breite, Höhe (mm)	4649/1860/1366
Radstand (mm)	2751
Leergewicht (kg)	1725
Höchstgeschw. (km/h)	250

Audi quattro
(1980 – 1991)

Audi quattro, 1982.

Der Audi quattro, von seinen Fans und denen der Marke liebevoll auch »Urquattro« genannt, nimmt nicht nur in der Historie von Audi eine besondere Rolle ein, er schrieb ein eigenes Kapitel in der Geschichte des Automobils. Unter der Ägide des damaligen Entwicklungschefs von Audi, Ferdinand Piech, auf die Räder gestellt, war der Zweitürer das erste in Großserie hergestellte Auto mit permanentem Allradantrieb. Mit dem quattro unterstrich Audi nicht nur sein Motto »Vorsprung durch Technik« mit berechtigtem Anspruch, er trug auch wesentlich dazu bei, Audi vom spießigen Image seiner ersten eineinhalb Jahrzehnte Markengeschichte zu befreien und für den rasanten Aufstieg zum Premiumhersteller innerhalb von nur einer Dekade zu sorgen.

Die Entwicklung des quattro begann im Stillen. Testfahrten in Skandinavien zur Erprobung aktueller Modelle und künftiger Entwicklungen hatte 1977 bei Audi zu der Erkenntnis geführt, dass ein VW Iltis als Begleitfahrzeug mit 75 PS und Allradantrieb das schnellste Fahrzeug der Versuchsflotte unter den winterlichen Bedingungen gewesen war. Diese Einsicht führte zum Bau eines Prototyps auf Basis des Audi 80 mit Fünfzylinder-Turbomotor (160 PS) und Allradantrieb. Die Präsentation erfolgte unter geschickt gewählten, schwierigen Bedingungen, die den Vorstand überzeugten.

Als Karosserie für den quattro diente die des 4420 Millimeter langen Coupés (B2). Als unverwechselbares Merkmal erhielt das Blechkleid des quattro vier deutlich ausgestellte Kotflügel, massive Stoßfänger und einen Heckspoiler.

Der permanente Allradantrieb besaß eine mittlere Differenzialsperre für die Kraftverteilung zwischen den Achsen und eine weitere für die Hinterachse, die sich unabhängig voneinander via Seilzüge und Klauenkupplungen zuschalten ließen. Zwischen 1981 und 1987 verfügte das hintere Differenzial über eine elektropneumatische Schaltung. Ab 1987 kam das mechanische, selbstsperrende Torsen-Differenzial zwischen den beiden Achsen zum Einsatz.

Während seiner elfjährigen Bauzeit war der Audi quattro ausschließlich mit einem aufgeladenen Fünfzylinder verfügbar. Bei der Vorstellung 1980 auf dem Genfer Autosalon leistete der 2,1-Liter-Fünfzylinder 200 PS. Zwischen 1984 und 1988 ergänzte eine Version mit Katalysator das Angebot, die 162 PS leistete. Ab 1987 kam der aufgeladene 2,2-Liter-Fünfzylinder zum Einsatz, ab 1989 die Version mit Vierventiltechnik und 220 PS. Sie beschleunigte den quattro aus dem Stand in 6,3 Sekunden auf Tempo 100 und erreichte eine Höchstgeschwindigkeit von 230 km/h. Im Mai 1991 erfolgte das Ende der Produktion nach 11.452 gebauten Einheiten. Der Audi quattro revolutionierte in den frühen Achtzigern des letzten Jahrhunderts den Rallyesport, das Prinzip des permanenten Allradantriebs hielt bald Einzug in andere Baureihen von Audi und ist heute festes Angebot bei allen Modellen. Audi hat inzwischen weit über zwei Millionen verschiedene quattro-Modelle gebaut.

Modell	Audi quattro
Baujahr	1980 – 1991
Motor	Reihenfünfzylinder
Ventile	1 obenliegende Nockenw.
Bohrung/Hub (mm)	79,5/86,4
Hubraum (cm^3)	2144
Leistung (PS/min^{-1})	200/5500
Max. Drehm. (Nm/min^{-1})	285/3500
Gemischaufbereitung	mechan. Einspritzung
Kraftübertragung	Fünfgang, manuell, perm. Allradantr.
Radaufhängung vorne	Einzeln, Dreiecksquerl., McPherson
Radaufhängung hinten	Einzeln, Doppelquerl., McPherson
Bremsen (vo./hi.)	Scheiben/Scheiben rundum innenbel.
Länge, Breite, Höhe (mm)	4404/1723/1344
Radstand (mm)	2525
Leergewicht (kg)	1335
Höchstgeschw. (km/h)	220

Audi Sport quattro
(1984 - 1985)

Um eine verschärfte Version des quattro für die Gruppe B der Rallye-Weltmeisterschaft homologieren zu können, präsentierte Audi auf der Frankfurter IAA 1983 erstmals den Sport quattro, von dem in den folgenden zwei Jahren 220 Exemplare entstanden, von denen 170 als normale Straßenfahrzeuge in die Hände von Privatkunden gingen, die bereit waren den exorbitanten Preis von 195.000 Mark, ab Januar 1985 sogar 203.850 Mark zu bezahlen, um damit das stärkste und teuerste Fahrzeug aus deutscher Serienfertigung im Straßenverkehr bewegen zu können. Mithin rund das Doppelte wie für einen 300 PS starken Porsche 911 Turbo.

Da die Entwicklung des Sport quattro unter rein wettbewerbsrelevanten Aspekten erfolgte, blieb das Design auf der Strecke. Der gegenüber dem quattro um 320 Millimeter verkürzte Zweitürer (Radstand: 2222 Millimeter) bestand bis zur B-Säule aus Karosseriekomponenten der Limousine des Audi 80, einschließlich der Türen, die Heckklappe aus glasfaserverstärktem Polyesterharz. Den Rest der Karosserieteile aus Kevlargewebe und Epoxidharz lieferte eine Spezialfirma aus der Schweiz, was wegen der komplexen Bearbeitung des sehr leichten, aber

Audi Sport quattro, 1984.

extrem formstabilen Materials für den größten Anteil am Preis sorgte. Für die 200 Straßenfahrzeuge, die die Homologation in der Gruppe B vorschrieb, steigerten die Entwickler die Motorleistung des Fünfzylinders auf 306 PS bei 6700 min^{-1}. Der Vierventil-Fünfventiler mit einem Lader von KKK (Typ K27) stand unter einem maximalen Ladedruck von 2,04 bar. Der 1300 Kilo schwere Sport quattro beschleunigte aus dem Stand auf 100 km/h in 4,9 Sekunden und erreichte seine Höchstgeschwindigkeit bei abgeregelten 250 km/h.

Von den 20 Exemplaren des Evolutionsmodells, die laut Homologation vom 530 PS starken Sport quattro S1 gefertigt werden mussten, kam kein Exemplar als Kundenfahrzeug auf die Straße.

Modell	Audi Sport quattro
Baujahr	1984 – 1985
Motor	Reihenfünfzylinder
Ventile	1 obenliegende Nockenw.
Bohrung/Hub (mm)	79,5/85
Hubraum (cm^3)	2133
Leistung (PS/min^{-1})	306/6700
Max. Drehm. (Nm/min^{-1})	350/3700
Gemischaufbereitung	Bosch Motronic
Kraftübertragung	Fünfgang, manuell, perman. Allradantrieb
Radaufhängung vorne	Einzeln, Dreiecksquerl., McPherson
Radaufhängung hinten	Einzeln, Doppelquerl., McPherson
Bremsen (vo./hi.)	Scheiben/Scheiben rundum innenbel.
Länge, Breite, Höhe (mm)	4164/1803/1345
Radstand (mm)	2224
Leergewicht (kg)	1300
Höchstgeschw. (km/h)	250 (abgeregelt)

Audi R8
(seit 2006)

Es dauerte bis ins dritte Jahrtausend, bis sich Audi entschloss, auch das anspruchsvollste Fahrzeugsegment zu besetzen, nämlich das der Supersportwagen. Die Zurückhaltung gründete weniger auf der Scheu, nicht die adäquate Technik auf die Räder stellen zu können, als vielmehr aus Rücksicht auf die 1998 erworbene Marke Lamborghini, deren Produktportfolio ausschließlich aus Supersportlern besteht.

Auf der Frankfurter IAA stellten die Ingolstädter 2003 die Studie »Le mans quattro« vor, einen Mittelmotorsportwagen. Drei Jahre später präsentierte das Werk den Audi R8 im Rahmen des Pariser Autosalons. Als Paten für die Namensgebung der Modellreihe fungierten die erfolgreichen Sportprototypen beim 24-Stundenrennen von Le Mans.

Der komplett aus Leichtmetall gefertigte R8 ist 4431 Millimeter lang, verfügt aber über einen relativ langen Radstand von 2650 Millimeter, was optisch für kurze Überhänge der Karosserie sorgt. Der Radstand erlaubt es, die beiden Triebwerke in Mittelmotorlage weit genug vor der Hinterachse zu platzieren, sodass eine Gewichtsverteilung im Verhältnis 44 : 56 Prozent zwischen den Achsen entsteht.

Das Fahrwerk besteht aus einer Doppelquerlenker-Konstruktion vorne und hinten, deren Komponenten aus geschmiedetem Aluminium gefertigt sind. Die serienmäßigen Gasdruckstoßdämpfer können optional (Serie beim V10) gegen ein adaptives Dämpfersystem (Audi magnetic ride) getauscht werden.

Zum Start auf dem Markt stattete Audi den R8 mit einer Version des 4,2-Liter-V8 mit Direkteinspritzung aus, die 420 PS bei 7800 min^{-1} leistet. Seit 2009 ist auch der aus dem S6 bekannte V10 verfügbar, der im R8 525 PS bei 8000 min^{-1} zur Verfügung stellt. Dadurch entsteht ein Leistungsgewicht von 3,1 Kilo pro PS. Der Zehnzylinder ermöglicht eine Beschleunigung aus dem Stand auf Tempo 100 in 3,9 Sekunden und eine Höchstgeschwindigkeit von 316 km/h. Beide Triebwerke bestehen aus Leichtmetall und verfügen über eine Trockensumpfschmierung. Die Leistung gelangt via Allradantrieb und sequen-

Audi R8 4,2 FSI.

Studie Le Mans quattro R8.

Modell	Audi R8
Baujahr	seit 2006
Motor 5.2 FSI	V10
Nockenwelle, Vent./Zyl.	2 obenl./4
Bohrung/Hub (mm)	84,5/92,8
Verdichtung	12,5 : 1
Hubraum (cm^3)	5204
Leistung (PS/min^{-1})	525/8000
Max. Drehm. (Nm/min^{-1})	530/6500
Gemischaufbereitung	Direkteinspritzung
Kraftübertragung	Sechsgang, manuell, perman. Allradantrieb
Radaufhängung vorne	einzeln, Doppelquerlenker
Radaufhängung hinten	einzeln, Doppelquerlenker
Bremsen (vo./hi.)	Scheiben innenbel.
Länge, Breite, Höhe (mm)	4431/1930/1252
Radstand (mm)	2650
Leergewicht (kg)	1620
Höchstgeschw. (km/h)	316

tieller Sechsgangschaltung an die Räder. Auf der IAA 2009 stellte Audi die offene Version des R8 vor, die seit Anfang 2010 als R8 Spider, vorerst ausschließlich mit Zehnzylindermotor zur Verfügung steht. Der Verdeckkasten und die Seitenteile bestehen aus kohlenstofffaserverstärktem Kunststoff, sodass der Spider lediglich 100 Kilo mehr als das Coupé wiegt. Der R8 entsteht bei der quattro GmbH in Neckarsulm, wo 120 besonders qualifizierte und erfahrene Mitarbeiter rund 23 Fahrzeuge am Tag fertigen.

Audi R8 5,2 FSI.

Audi TT
(1998 - 2006)

Die Laufbahn des Audi TT begann 1994 im kalifornischen Designzentrum von Audi mit ersten Skizzen für eine Studie, die das Werk 1995 auf der IAA vorstellte. Das vier Meter lange Coupé, das mit der Bezeichnung TT an den legendären NSU Prinz TT erinnern sollte, fand ebenso einen großen Anklang wie die im Oktober des gleichen Jahres in Tokio präsentierte Roadsterstudie TTS, sodass sich die Verantwortlichen in Ingolstadt dazu entschlossen den TT beziehungsweise den TTS in Serie gehen zu lassen.

Im Herbst 1998 konnten die Kunden die ersten TT in Empfang nehmen, wahlweise mit 180 oder 225 PS, die ein aufgeladener 1,8-Liter-Vierzylinder lieferte. Die offene Version debütierte ein Jahr später als »TT Roadster«.

Die stärkeren Versionen waren serienmäßig mit Allradantrieb quattro ausgestattet, ebenso der zwischen 2003 und 2006 gebaute 3.2 (V6) mit 250 PS.

Technisch bauten beide Varianten des TT auf der Plattform der vierten Generation des VW-Golf auf, ebenso wie der A3 oder die Konzernmodelle Seat Toledo oder Skoda Oktavia.

Audi TT, 1. Generation.

Der TT überzeugte bei seiner Einführung besonders durch seine hochwertige Innenraumgestaltung, die den Weg von der Studie zur Serie ohne Einbußen gefunden hatte. In das Gerede geriet das Coupé unmittelbar nach Markteinführung durch eine Unfallserie wegen seines schwierigen Fahrverhaltens unter extremen Bedingungen. Audi rüstete den TT mit einem festen Heckspoiler und serienmäßigem Stabilisierungsprogramm ESP nach.

Im April 2005 stellte Audi den »TT quattro Sport« vor, der mit 75 Kilo reduziertem Gewicht und 240 PS aus dem 1,8-Liter die Fahrleistungen des 3.2 übertraf.

Modell	Audi TT
Baujahr	1998 – 2006
Motor 1.8 T	Reihenvierzylinder
Nockenwelle, Vent./Zyl.	2 obenl./5
Bohrung/Hub (mm)	81,0/86,4
Verdichtung	9,5 : 1
Hubraum (cm^3)	1781
Leistung (PS/min^{-1})	190/5700
Max. Drehm. (Nm/min^{-1})	240/1980 - 5400
Gemischaufbereitung	elektronische Einspritzung, Turbo
Kraftübertragung	Fünfgang, manuell,
Radaufhängung vorne	einzeln, McPherson
Radaufhängung hinten	einzeln, Verbundlenkerachse
Bremsen (vo./hi.)	Scheiben innenbel./Scheiben
Länge, Breite, Höhe (mm)	4041/1764/1346
Radstand (mm)	2422
Leergewicht (kg)	1280
Höchstgeschw. (km/h)	228

Audi TT 8J
(seit 2006)

Die zweite Generation des TT feierte am 8. April 2006 ihre Premiere. Das auf der Plattform des VW Golf V basierende Coupé, wie der im März 2007 vorgestellte TT Roadster, führt das formale Konzept der erfolgreichen ersten Generation fort. Zu seinen charakteristischen Merkmalen zählen die runden Konturen, das schräg abfallende Heck und die kleinen Fensterflächen. Mit einer Länge von 4178 Millimetern ist der aktuelle TT gegenüber seinem Vorgänger um 174 Millimeter gewachsen und stellt nunmehr im Innenraum ein deutlich gewachsenes Platzangebot zur Verfügung.

Während der erste TT die Verbundlenkerkonstruktion des Golf IV als Hinterachse trug, verfügt der Nachfolger über die aufwendige Vierlenker-Konstruktion der fünften Golfgeneration. Dementsprechend sind die quattro-Modelle des TT nicht wie bei Audi üblich mit dem selbstsperrenden mechanischen Mitteldifferenzial ausgestattet, sondern mit der Haldex-Lamellenkupplung des VW Golf 4Motion.

Das Motorenprogramm beim TT ist seit der Markteinführung unverändert. Die Einstiegsmotorisierung bildet ein 1,8-Liter TFSI mit 160 PS, die nur in Verbindung mit Frontantrieb erhältlich ist. Darüber rangieren Zweiliter-TFSI-Motoren mit 200 und 272 PS (TTS). Der 3.2-Liter-V6 liefert 250 PS. Außerdem darf der TT auch mit 170 PS aus einem Zweiliter-Vierzylinder dieseln.

Audi TT Roadster.

Modell	Audi TT
Baujahr	seit 2006
Motor 2.0 TDI	Reihenvierzylinder
Nockenwelle, Vent./Zyl.	2 obenl./4
Bohrung/Hub (mm)	81,0/95,5
Verdichtung	16,5 : 1
Hubraum (cm^3)	1968
Leistung (PS/min^{-1})	170/4200
Max. Drehm. (Nm/min^{-1})	350/1750 - 2500
Gemischaufbereitung	Direkteinspritzung, Commonrail
Kraftübertragung	Sechsgang, manuell,
Radaufhängung vorne	einzeln, McPherson
Radaufhängung hinten	einzeln, Vierlenkerachse
Bremsen (vo./hi.)	Scheiben innenbel./ Scheiben
Länge, Breite, Höhe (mm)	4178/1842/1357
Radstand (mm)	2468
Leergewicht (kg)	1370
Höchstgeschw. (km/h)	226

Die sportliche Spitze der Palette beim aktuellen TT bildete ab 2008 der TTS mit 272 PS. Seit 2009 bietet Audi den TT RS als Topmodell der Baureihe an, der den legendären Fünfzylinder wieder zurückgebracht hat und der aus 2,5 Litern Hubraum zuzüglich Turboaufladung 340 PS liefert. Als Organspender für den Reihenfünfzylinder mit 2480 cm^3, fungiert eine für den amerikanischen Markt vorbehaltene Variante des VW Jetta.
Zum Leistungsangebot, das den TT RS in 4,4 Sekunden aus dem Stand auf Tempo 100 beschleunigt, gesellt sich ein mächtiges Drehmoment von maximal 450 Newtonmetern, das der Fahrer zwischen 1600 und 5300 min-1 nutzen kann. Auf Wunsch ermöglicht die für die Fertigung beider Karosserievarianten des TT RS (Coupé und Cabrio) zuständige »quattro GmbH« eine Höchstgeschwindigkeit von 280 km/h.

Zur Ausstattung des stärksten TT gehört unter anderem ein Doppelkupplungsgetriebe mit sieben Schaltstufen, 18-Zollräder aus Leichtmetall und eine verstärkte Bremsanlage.

Oben: Innenraum des Audi TT Roadster.

Links: Audi TT.

Modell	Audi TT RS Coupé
Baujahr	seit 2009
Motor	Fünfzylinder, Reihenmotor, Turboaufladung
Nockenwelle, Vent./Zyl.	2 obenl./4
Bohrung/Hub (mm)	82,5/92,8
Verdichtung	10,0 : 1
Hubraum (cm^3)	2480
Leistung (PS/min^{-1})	340/5400
Max. Drehm. (Nm/min^{-1})	450/1600 - 5300
Gemischaufbereitung	Benzin-direkteinspritzung
Kraftübertragung	Sechsgang manuell, Allradantrieb
Radaufhängung vorne	einzeln, McPherson Dreieckesquerl., Stabi.
Radaufhängung hinten	einzeln, Vierlenker, Stabi.
Bremsen (vo./hi.)	Scheiben innenbel./ Scheiben innenbl.
Länge, Breite, Höhe (mm)	4198/1842/1342
Radstand (mm)	2468
Leergewicht (kg)	1450
Höchstgeschw. (km/h)	250

Oben: Audi TT RS Coupé.

Rechte Seite oben: Audi TTS aktuell.

Links: Audi TT RS Roadster.

Rechts: Audi TT RS, 2010.

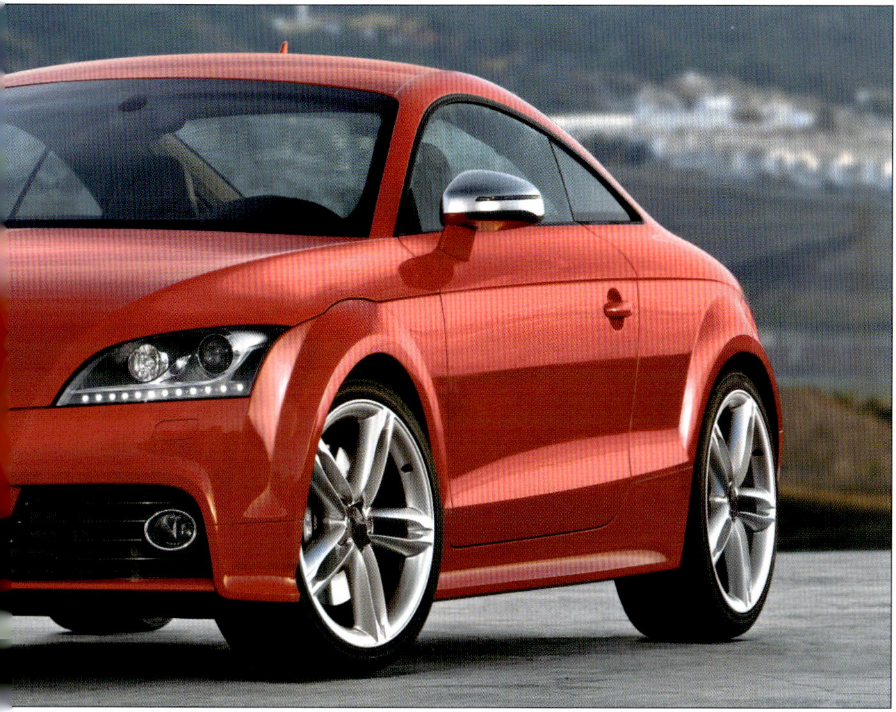

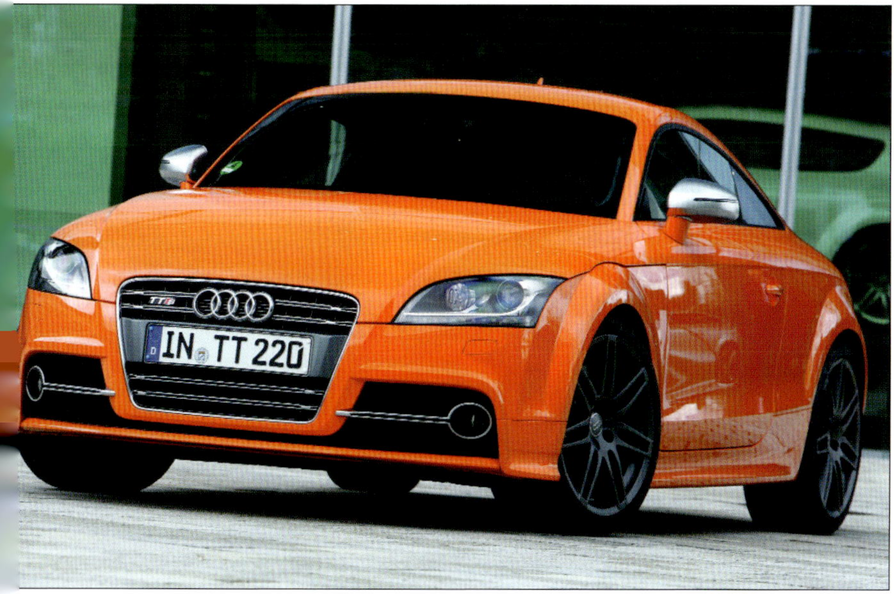
IN TT 220

Audi Pkw – die Geländegängigen

Audi A4 allroad quattro
(seit 2009)

Das Konzept des allroad quattro hatte Audi im Jahr 1999 beim A6 Avant (B5) eingeführt. Seit 2009 setzen die Ingolstädter dieses Konzept auch auf Basis des A4 Avant um. Kennzeichnend ist die auf 180 Millimeter gesteigerte Bodenfreiheit. Damit ist der A4 allroad quattro mit 1495 Millimeter um 59 Millimeter höher als der normale A4 Avant, der es auf 1436 Millimeter bringt. Vom serienmäßigen Kombi der Baureihe unterscheidet sich der allroad äußerlich unter anderem durch ausgeprägte vordere Kotflügel und hintere Seitenteile. Die graue oder schwarze Kunststoffverkleidung, die das Fahrzeug rundum umgibt, schützt Radläufe und Seitenschweller vor Kontakten und Beschädigungen bei der Fahrt abseits befestigter Wege. Die Baureihe ist serienmäßig mit Leichtmetallrädern (17 Zoll) ausgestattet. Für die Unversehrtheit des Fahrzeugbodens sorgt ein Unterfahrschutz aus Edelstahl. Der Gepäckraum bietet eine Ladebreite von einem Meter, eine Länge von 103 Zentimetern und ein Volumen von 490 Liter. Mit der im Verhältnis von 60 : 40 geteilten Lehne der Rücksitze lässt sich durch Umklappen eine 178 Zentimeter lange Ladefläche erzielen, die 1430 Liter fasst.

Das selbstsperrende Mittendifferenzial verteilt im normalen Fahrbetrieb die Antriebsleistung

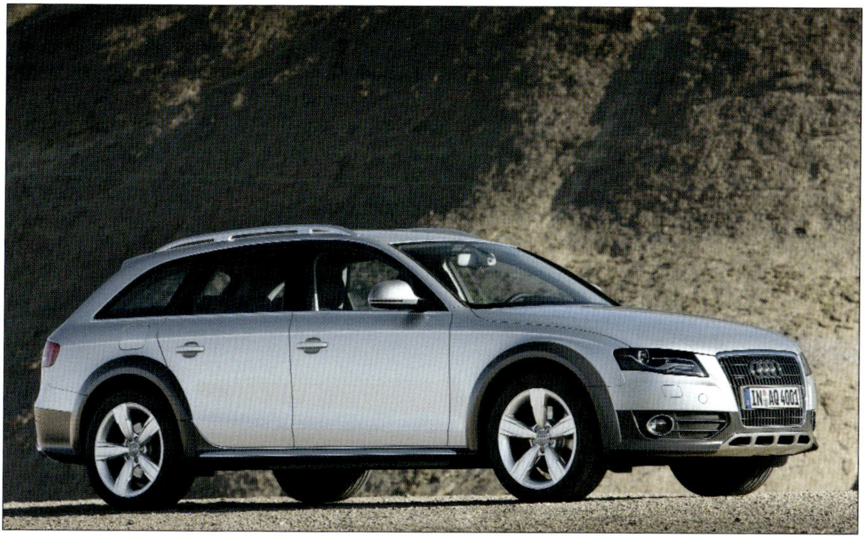
IN AQ 4001

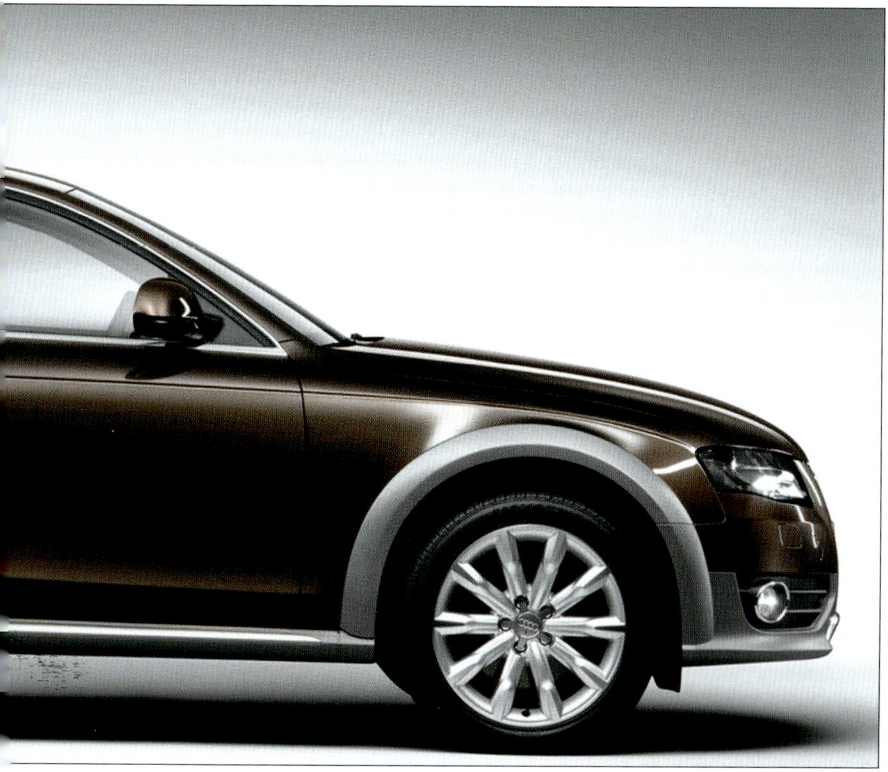

zu 40 Prozent auf die Vorder- und zu 60 Prozent an die Hinterachse. Die elektronische Differenzialsperre (EDS) dient auch als Antriebshilfe. Der A4 allroad quattro ist serienmäßig mit einem Sechsgangschaltgetriebe ausgestattet, für die leistungsstarken Varianten 3.0 TDI und 2.0 FSI steht eine optionale Siebengang-S-tronic zur Verfügung.

Der A4 allroad quattro ist mit drei Motoren erhältlich, einem Benziner und zwei Dieseln, jeweils mit Kraftstoffdirekteinspritzung und Turboaufladung. Der Zweiliter-TFSI-Motor, dessen Einspritzung die vier Brennräume mit Kraftstoff unter 150 bar Druck versorgt, leistet mit 1984 cm³ Hubraum 211 PS. Der Zweiliter-Diesel (1968 cm³ Hubraum) leistet 170, der V6 (2.967 cm³) 240 PS. Alle Versionen sind serienmäßig mit einer Start-Stop-Automatik ausgestattet.

Modell	Audi A4 allroad quattro
Baujahr	seit 2009
Motor 3.0 TDI	V6
Nockenwelle, Vent./Zyl.	2 obenl./4
Bohrung/Hub (mm)	83/91,4
Verdichtung	16,8 : 1
Hubraum (cm³)	2967
Leistung (PS/min⁻¹)	240/4000
Max. Drehm. (Nm/min⁻¹)	500/1500 - 3000
Gemischaufbereitung	Direkteinspritzung, Commonrail
Kraftübertragung	Sechsgang, manuell, perman. Allradantrieb
Radaufhängung vorne	einzeln, Fünflenker
Radaufhängung hinten	einzeln, Trapezlenker
Bremsen (vo./hi.)	Scheiben innenbel./ Scheiben
Länge, Breite, Höhe (mm)	4721/1841/1495
Radstand (mm)	2805
Leergewicht (kg)	1730
Höchstgeschw. (km/h)	237

Audi A6 allroad quattro C5
(1999 - 2006)

Mit dem A6 allroad quattro präsentierte Audi 1999 eine komplett neue Art von Fahrzeug, die im Frühjahr 2000 ihre Markteinführung erlebte. Auf Basis des A6 Avant (C5) war ein Auto entstanden, das mit erhöhter Bodenfreiheit und permanentem Allradantrieb diejenigen Kunden bedienen wollte, die sich regelmäßig abseits befestigter Wege bewegen, aber dafür nicht zwingend einen klassischen SUV fahren wollten. Äußerlich zeichnete sich der 4810 Millimeter lange Kombi durch seine erhöhte Bodenfreiheit, die in Schwarz gehaltenen, robusten Stoßfänger und Kotflügelverbreiterungen, sowie Seitenschutz und den Unterfahrschutz aus Edelstahl aus. Im Innenraum bot der A6 allroad quattro das bekannt hochwertige Ambiente des A6 Avant, dessen Gepäckraum 455 Liter fasste, mit umgelegten Lehnen der Rücksitze 1590 Liter. Da der A6 allroad quattro mit seiner umfangreichen Ausstattung und dem permanenten Allradantrieb mindestens 1815 Kilo Leergewicht auf die Waage brachte, stattete ihn Audi grundsätzlich mit V6-Motoren aus. Der 2,5-Liter Diesel lieferte bei Markteinführung 163, später 180 PS. Darüber rangierte der 2,7-Liter-Benziner mit Biturboaufladung und 250 PS.

Modell	Audi A6 allroad quattro, C5
Baujahr	999 – 2006
Motor 2.5 TDI	V6
Nockenwelle, Vent./Zyl.	2 obenl./4
Bohrung/Hub (mm)	78,3/86,4
Verdichtung	18,5 : 1
Hubraum (cm^3)	2496
Leistung (PS/min^{-1})	180/4000
Max. Drehm. (Nm/min^{-1})	370/1500 - 2500
Gemischaufbereitung	Direkteinspritzung, Pumpe-Düse
Kraftübertragung	Sechsgang, manuell, perman. Allradantrieb
Radaufhängung vorne	einzeln, Vierlenker
Radaufhängung hinten	einzeln, Doppelquerlenker
Bremsen (vo./hi.)	Scheiben innenbel./Scheiben
Länge, Breite, Höhe (mm)	4810/1852/1551
Radstand (mm)	2757
Leergewicht (kg)	1815
Höchstgeschw. (km/h)	207

Im Rahmen einer Modellpflege 2003 kam als Spitzenmotorisierung der 4,2-Liter-V8 hinzu, der 300 PS bei 6200 min^{-1} leistete und damit den Kombi in 7,2 Sekunden aus dem Stand auf Tempo 100 zu beschleunigen vermochte. Bei dem V8 handelte es sich nicht um die gleiche Version aus dem A8, sondern um ein für den allroad überarbeitetes Aggregat, bei dem der ursprünglich vorne liegende Zahnriemenantrieb für die vier obenliegenden Nockenwellen durch einen Kettenantrieb auf der Rückseite des Motors ersetzt wurde, den das Leichtmetalltriebwerk um 52 Millimeter verkürzte. Der Motor kam später beim S4, S6 und mit Turboaufladung beim RS6 zum Einsatz

Audi A6 allroad quattro c5.

Audi A6 allroad quattro C6
(seit 2006)

Mit dem allroad quattro auf Basis des A6 hatte Audi zur Jahrtausendwende erfolgreich eine Nische geschlossen. So war es keine Frage, dass auch auf Basis des aktuellen A6 (C6) ab 2006 ein Nachfolger des allroad quattro folgen würde.
Das grundlegende Konzept des Fahrzeugs bleibt auch in der zweiten Generation erhalten. Dazu gehört die Optik der um 124 Millimeter gegenüber dem Vorgänger auf 4934 Millimeter Länge gewachsene Karosserie mit einer rundum führenden Verkleidung aus robustem Kunststoff. Da die jüngste Generation der Baureihe über eine serienmäßige adaptive Luftfederung verfügt, lässt sich die Bodenfreiheit in einem Bereich von maximal 60 Millimeter in vier Stufen variieren.
Der Innenraum bietet die identischen Platzverhältnisse des aktuellen A6 Avant, das Volumen des variablen Gepäckabteiles spannt sich von 565 bis 1660 Liter. Die bei Einführung verfügbaren V6-Motoren, zwei TDI mit 180 und 233 PS sowie der 3.2 FSI-Motor mit 255 PS, erstarkten im Rahmen der Modellpflege 2008 auf 190, beziehungsweise 240 PS bei den Dieseln. Den 3,2-Liter FSI ersetzte eine 3.0 TFSI mit Kompressoraufladung und 290 PS. Die Leistung des V8-Direkteinspritzers blieb mit 350 PS unverändert. Für die Kraftübertragung sorgt serienmäßig ein manuelles Sechsganggetriebe, als Option ist eine sechsstufige tiptronic verfügbar, die beim 4.2 serienmäßig ist. Herzstück des Antriebs ist auch beim aktuellen A6 allroad quattro ein selbstsperrendes Mitteldifferenzial, das rein mechanisch und damit frei von Verzögerung arbeitet. Im normalen Fahrbetrieb überträgt es die Antriebskraft zu gleichen Teilen auf die beiden Achsen. Bei Bedarf gehen bis zu 75 Prozent der Antriebsmomente an eine Achse.
Bei allen Modellen ist von Haus aus eine elektromechanische Parkbremse, Licht- und Regensensor, Lederlenkrad und Klimaauto-

matik an Bord. Als optionale Ausstattung steht für den aktuellen A6 allroad quattro unter anderem eine Einparkhilfe mit Kamera ebenso zur Verfügung wie ein schlüsselloses Zugangssystem oder adaptives Kurvenlicht.

Modell	Audi A6 allroad quattro, C6
Baujahr	seit 2006
Motor 3.0 TFSI	V6
Nockenwelle, Vent./Zyl.	2 obenl./4
Bohrung/Hub (mm)	84,5 x 89
Verdichtung	10,3 : 1
Hubraum (cm^3)	2995
Leistung (PS/min^{-1})	290/4850 - 6800
Max. Drehm. (Nm/min^{-1})	420/2500 - 4850
Gemischaufbereitung	Direkteinspritzung, Kompressor
Kraftübertragung	Sechsgang, sequentiell, perman. Allradantrieb
Radaufhängung vorne	einzeln, Vierlenker
Radaufhängung hinten	einzeln, Doppelquerlenker
Bremsen (vo./hi.)	Scheiben innenbel./ Scheiben
Länge, Breite, Höhe (mm)	4934/1862/1521
Radstand (mm)	2833
Leergewicht (kg)	1840
Höchstgeschw. (km/h)	250 (abgeregelt)

Audi Q5
(seit 2008)

Mit dem Q7 hatte Audi 2005 seinen ersten Beitrag zum Segment der klassischen SUV geliefert. Der Erfolg bestärkte Audi das Konzept auch auf die Mittelklasse zu übertragen, und so entstand der Q5, der auf der Automobilmesse in Peking im April 2008 seine Premiere feierte. Das »Sport-Utility-Vehicle« wird seitdem in Ingolstadt und in China gefertigt. Wie die aktuellen Baureihen A4 und A5 basiert der Q5 technisch auf Audis neuer modularer Längsplattform.

Der 4630 Millimeter lange Q5 weist optisch nicht die klassischen Merkmale eines SUV auf. Lediglich 1650 Millimeter hoch, orientiert sich der Offroader eher an einem Kombi als am traditionellen, eher militaristischen Auftritt seiner Gattung. Die praxisorientierte Auslegung des Q5 unterstreicht ein Ladevolumen zwischen 540 und 1560 Liter.

Zum Verkaufsstart trat der Q5 mit drei verschiedenen Motorvarianten an, die auch im Programm des aktuellen A4 bzw. A5 zu finden sind. Der Zweiliter-Benzindirekteinspritzer mit Aufladung verfügt über die variable Ventilöffnung, die im Gegensatz zum Sechszylinder für die Auslassseite zuständig ist. Die Einlassnockenwelle ist um 60 Grad verstellbar. Die Leistung des Vierzylinder beträgt 211 PS, wobei das maximale Drehmoment von 350 Newtonmetern in einem Drehzahlbereich zwischen 1500 und 4200 min^{-1} zur Verfügung

steht. Die beiden Diesel leisten mit zwei Liter Hubraum 170, als Dreiliter-V6 240 PS.
Seit Anfang 2009 ergänzt ein V6-FSI mit 3197 cm³ als Topmotorisierung das Programm. Der Motor liefert 270 PS. Während ein Sechsgangschaltgetriebe für die Kraftübertragung beim 2.0 TSFI und beim 2.0 TDI zuständig ist, sind die stärkeren Varianten mit der neuen S tronic mit sieben Schaltstufen ausgestattet.
Der klassische quattro-Antrieb mit mechanischem, selbstsperrendem Mitteldifferenzial ist für eine optimale Geländetauglichkeit mit zwei weiteren Sperren für jede Achse ergänzt. Das Mitteldifferenzial leitet die Antriebskraft bei Bedarf zu maximal 85 Prozent an die Hinter-, beziehungsweise zu 65 Prozent an die Vorderachse.

Modell	Audi Q5
Baujahr	seit 2008
Motor 2.0 TFSI	Reihenvierzylinder
Nockenwelle, Vent./Zyl.	2 obenl./4
Bohrung/Hub (mm)	82,5/92,8
Verdichtung	9,6 : 1
Hubraum (cm³)	1984
Leistung (PS/min^{-1})	211/4300 - 6000
Max. Drehm. (Nm/min^{-1})	350/1500 - 4200
Gemischaufbereitung	Direkteinspritzung, Turbo
Kraftübertragung	Siebengang, S tronic, perman. Allradantrieb
Radaufhängung vorne	einzeln, Fünflenker
Radaufhängung hinten	einzeln, Trapezlenker
Bremsen (vo./hi.)	Scheiben innenbel./Scheiben
Länge, Breite, Höhe (mm)	4630/1880/1650
Radstand (mm)	2807
Leergewicht (kg)	1740
Höchstgeschw. (km/h)	222

Audi Q7
(seit 2005)

Den wachsenden Erfolg von Sport Utility Vehicles (SUV) besonders auf dem nordamerikanischen Markt wollte und konnte Audi nicht ignorieren. Auf der Internationalen Automobilausstellung in Frankfurt 2005 präsentierten die Ingolstädter ihre erste Interpretation der Fahrzeuggattung.

Bei der Gestaltung des auf gleicher Plattform wie der VW Touareg und Porsche Cayenne basierenden Siebensitzers mit 5086 Millimeter Länge verließ Audi konsequent die Pfade des traditionellen SUV-Designs mit bis zu zwei Meter hohen kantigen Mobilen und setzte mit einer bogenförmigen Dachlinie und lediglich 1737 Millimeter Fahrzeughöhe auf eine äußere Anmutung, die eher an eine Großraumlimousine oder einen Kombi erinnert.

Der Innenraum ist auf Variabilität und großes Transportvolumen ausgelegt. So lassen sich bis zu sieben Erwachsene in drei Sitzreihen unterbringen. Mit eingeklappten Sitzen der dritten Reihe stehen 775 Liter Stauraum zur Verfügung, bei voll genutzter Ladefläche 2035 Liter.

Zum Verkaufsstart standen für den zwischen 2205 und 2605 Kilo schweren Q7 ein Dreiliter-TDI mit 233 und der 4.2 FSI mit 350 PS bereit. 2006 folgte ein 3,6-Liter-FSI-V6 mit 280 PS, ein Jahr später ein Dreiliter-TDI mit 240 und ein V8-TDI mit 4134 cm^3 Hubraum und 326 PS. Im Zuge der Modellpflege 2008 erstarkte der Dreiliter-TDI auf 240 PS.

Seit 2008 bietet Audi in Verbindung mit dem Q7 den einzigen Zwölfzylinder-Diesel der Welt an. Bei diesem V12 besteht das Kurbelgehäuse aus Gussstahl, der Gabelwinkel beträgt 60 Grad. Die Commonrail-Einspritzung versorgt die zwölf Injektoren mit Achtlochdüsen mit Kraftstoff unter einem Druck von 2000. Die

Audi Q7 TDI.

beiden Turbolader liefern einen Ladedruck von maximal 2,7 bar. Mit einem Hubraum von 5934 cm^3 leistet der V12 500 PS bei 3750 min^{-1}. Um die sechsstufige Tiptronic bei der Kraftübertragung nicht zu überfordern, ist das maximale Drehmoment elektronisch auf 1000 Newtonmeter beschränkt, das zwischen 1750 und 3250 min^{-1} bereit steht.

Audi Q7 V12-Diesel.

Modell	Audi Q7
Baujahr	seit 2005
Motor 6.0 TDI	V12
Nockenwelle, Vent./Zyl.	2 obenl./4
Bohrung/Hub (mm)	83,0/91,4
Verdichtung	16,0 : 1
Hubraum (cm³)	5934
Leistung (PS/min⁻¹)	500/3750
Max. Drehm. (Nm/min⁻¹)	1000/1750 - 3250
Gemischaufbereitung	Direkteinspritzung, Pumpe-Düse
Kraftübertragung	Sechsgang, sequentiell, perman. Allradantrieb
Radaufhängung vorne	einzeln, Doppelquerlenker
Radaufhängung hinten	einzeln, Doppelquerlenker
Bremsen (vo./hi.)	Keramikscheiben, innenbelüftet
Länge, Breite, Höhe (mm)	5063/2000/1697
Radstand (mm)	3002
Leergewicht (kg)	2605
Höchstgeschw. (km/h)	250 (abgeregelt)

Bildnachweis

Alle Fotos stammen von Audi Media, ausgenommen die folgenden:

Wikimedia, David Banes: Seite 96
Wikimedia, Thomas Dörfer: Seite 67
Wikimedia, IFCAR: Seite 83, 119
Wikimedia, Rechlin: Seite 62
Wikimedia, Lothar Spurzem: Seite 55
Wikimedia, Sven Storbeck: Seite 72
Wikimedia, Toffgui: Seite 70
Wikimedia, Typ 17: Seite 40
Wikimedia, Wikipimpi: Seite 41

Kleine Typenkunde

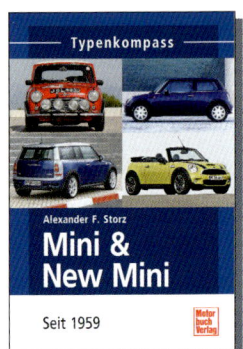

Alexander Franc Storz
**Mini & New Mini
Seit 1959**
128 Seiten, 169 Bilder,
Format 140 x 205 mm
ISBN 978-3-613-03124-1
€ 9,95

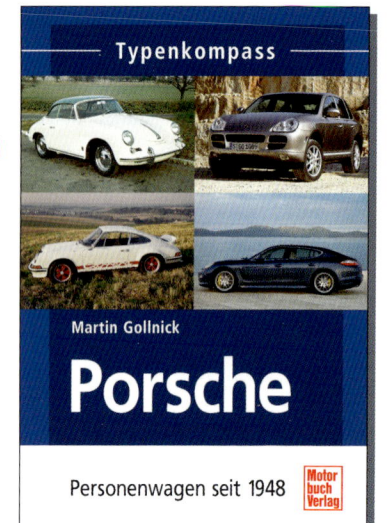

Martin Gollnick
Porsche Personenwagen seit 1948
144 Seiten, 136 Bilder, Format 140 x 205 mm
ISBN 978-3-613-03141-8   € 9,95

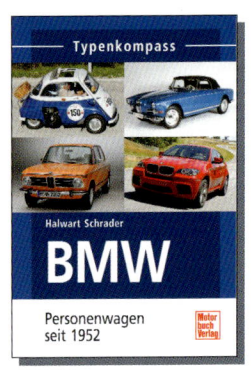

Halwart Schrader
**BMW Personenwagen
seit 1952**
144 Seiten, 161 Bilder,
Format 140 x 205 mm
ISBN 978-3-613-02887-6
€ 9,95

Peter Schneider
**NSU-Automobile
1905–1977**
128 Seiten, 118 Bilder,
Format 140 x 205 mm
ISBN 978-3-613-02867-8
€ 9,95

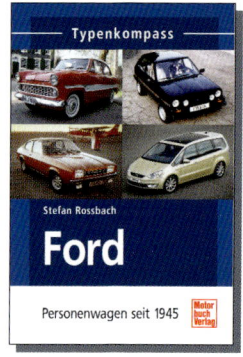

Stefan Rossbach
Ford Personenwagen seit 1945
128 Seiten, 133 Bilder,
Format 140 x 205 mm
ISBN 978-3-613-02692-6
€ 9,95

IHR VERLAG FÜR AUTO-BÜCHER
Postfach 10 37 43 · 70032 Stuttgart
Tel. (07 11) 2 10 80 65 · Fax (07 11) 2 10 80 70
www.paul-pietsch-verlage.de

Motorbuch Verlag

Stand Juni 2010
Änderungen in Preis und Lieferfähigkeit vorbehalten